DIE INSELSAMMLERIN

Fenna Williams

Die Insel sammlerin

TERRA MATER
BOOKS

FSC
www.fsc.org
MIX
Papier aus verantwortungsvollen Quellen
FSC® C014138

1. Auflage

Gesetzt aus der Palatino, Compass

Medieninhaber, Verleger und Herausgeber:
Red Bull Media House GmbH
Oberst-Lepperdinger-Straße 11–15
5071 Wals bei Salzburg, Österreich

Satz: MEDIA DESIGN: RIZNER.AT
Umschlaggestaltung: Hauptmann & Kompanie Werbeagentur, Zürich
Printed in Czech Republic
ISBN 978-3-99055-016-8

Für J.,
der alle Inseln kennt.

… you won’t know why and you can’t say how
Such a change upon you came,
But once you have slept on an island,
You’ll never be quite the same.

Rachel Lyman Field

Zwölf Inseln

Schatz-Inseln

Inseln: Sie beflügeln die Fantasie, machen zu Abenteurern, Dichtern, Helden, Menschen. Die Ankunft auf einem wasserumspielten Raum, in dessen verlockendem Universum man für einige Tage sanft ein- und abgeschlossen wird, ist Durchatmen ohne Begrenzung, Erholung im besten Sinne.

Auch wenn für viele die Wahl auf andere Landschaften fällt, für mich ist augenfällig: Irgendwo auf einer Insel muss das Gefühl unendlicher Freiheit – und die Sehnsucht danach – geboren sein.

Inseln verändern ihre Besucher.

Deshalb sammele ich Inseln und die Erinnerungen, die sie schenken.

Ich verbrachte meine Kindheit umgeben von sanften Hügeln und dunklen Wäldern. Inseln gab es nur im Straßenverkehr, im Schulatlas und in den Erzählungen anderer. Ein Radiosender machte mir sonntagmorgens in der Sendung »Zwischen Hamburg und Haiti« Vorschläge für Reisen zu entlegenen Welten, die ich eifrig notierte.

Gierig verschlang ich alles, was unsere Dorfbücherei an Reiseführern, Bildbänden, Erlebnisberichten und Romanen zu bieten hatte, um den Inseln näher zu kommen. Form, Größe, Ausprägung, Lage, bewohnt oder unbewohnt, spielten keine Rolle – nur eine Insel musste es sein.

Englisch, Erdkunde und Geschichte wurden die einzigen Fächer, für die ich echtes Interesse aufbrachte, weil ich ihre Wichtigkeit für meine Inselrecherchen erkannte.

Da mir die Mittel und die Erlaubnis zum Reisen fehlten, suchte und fand ich andere Wege, mein Verlangen nach Inseln zu befriedigen. Ab meinem zwölften Lebensjahr unterhielt ich Brieffreundschaften mit Mädchen und Jungen in aller Welt, die mir auf dünnem Luftpostpapier ihr Inselleben erklärten – und stand bei den Briefmarkensammlern meiner Umgebung hoch im Kurs. Ich schrieb mich mit Kumudu aus Indonesien, Prassede aus Malta, Cheryl aus Singapur, mit Vicky und Jayne aus Tasmanien, Australien, Antoinette aus Jamaika, Tim aus Hongkong und Simon aus Großbritannien. Ich erlebte brieflich mit, wie die Türkei Zypern angriff, in Belfast eine traurige Mauer hochgezogen wurde und Lucias Familie von den Azoren in die USA auswanderte. Nie gesehene Freunde brachten mir die Welt und das Verständnis für sie und die politische Großwetterlage ins Haus.

Mithilfe dieser besonderen Menschen entwickelte ich eine schier endlose, ungeordnete Hitliste, die die Reihenfolge zukünftiger Reisen im Blick haben sollte. Die erste Insel, die ich unbedingt erleben wollte, war Tasmanien, mein Inseltraum zwischen Antarktis und Australien; die erste, die ich wirklich sah, war die Inselfestung Wilhelmstein im Steinhuder Meer.

Die Inselliste beeinflusste mein ganzes Leben und wie ich es führen wollte. Ich richtete mein Studium nach ihr aus und verdiente mir die ersten Inselerfahrungen durch Reiseleitungen nach Großbritannien. Ich wurde Mitglied bei Servas International, dieser wunderbaren Organisation, die aus Fremden Freunde macht, und begrüßte im Laufe der Jahre in meiner Studentenbude einen Hollywoodschauspieler, die Familie eines Nobelpreisträgers für Chemie auf dem Weg zur Preisverleihung in Stockholm, einen Musicalkomponisten aus Kanada, zu dessen Premieren ich noch immer eingeladen werde, einen Stammesfürsten aus dem Jemen, der sich schweren Herzens bereit erklärte, seinen Krummdolch in meinem Gefrierfach zu verstecken, obwohl er sich ohne ihn nackt fühlte – und June, meine spätere Trauzeugin, aus Australien.

Nach dem Studium arbeitete ich als Touristikassistentin, um sicherzugehen, dass die Möglichkeiten des Inselreisens und der Nutzen davon Hand in Hand gingen – und niemals enden.

Es war Schwerstarbeit, aus dem Angebot meiner wahr gewordenen Träume die Inseln für dieses Buch herauszusuchen: Inseln, die die Sehnsucht, die schon der Klang ihres Namens weckt, mit Geschichten füllen und dafür sorgen, dass der Wunsch auf Rückkehr mit nach Hause fährt.

Die ausgewählten Inseln dieses Buches sind höchst unterschiedlich, haben aber eines gemeinsam: Sie schenken dem Besucher für die Mühen, bis zu ihnen zu gelangen, die Möglichkeit, sich zurück im Alltag durch einen Duft, ein Geräusch, eine Melodie oder ein typisches Getränk zurückzumelden und sich zu ihnen forttragen zu lassen.

Dieses Buch ist für alle, die Anregung für (Insel-)Reisen suchen oder ihre eigene Inselliste mit einer anderen vergleichen wollen – und für all jene, die ihre Inselziele durch Leseträume in den eigenen vier Wänden erreichen.

Mitten im Meer liegen Inseln, die sich durch ihre völlige Abgeschiedenheit eine eigene Welt unabhängig vom Mutterland geschaffen haben. Sie gleichen Zwergstaaten, die dennoch, wie im Fall von St. Helena, genug Selbstvertrauen hatten, in den Lauf der Weltgeschichte einzugreifen.

Auf Rodrigues lebt man im Ozean der Entspannung. Hier tanzen die Zeit und die Menschen nach ganz eigener Musik.

Wer keine weiten Strecken auf schwankenden Planken liebt und vor einer echten Seereise zurückschreckt, muss dennoch nicht auf Inseln verzichten. Mitten im Land gibt es Perlen in Flüssen oder Gewässern, die ihren Schwestern auf hoher See in nichts an Schönheit oder Flair nachstehen. Eine davon liegt in der Themse, nicht weit entfernt von Runnymede, und ist die Quelle einer ersten staatlichen Verfassung und unserer Menschenrechte: Magna Carta Island. Dieser Leuchtpunkt der Geschichte kann ebenso wie Danpaati Island in Südamerika leicht in einer Stunde zu Fuß umrundet werden, allerdings braucht man für Letztere erst einmal einen Einbaum, um sie überhaupt zu erreichen. Wenn man sich dieser wunderbaren Strapaze unterzieht, kann man mitten im Urwald ebenso viel über die Kultur der dortigen Einwohner lernen wie auf Solentiname im Nicaraguasee, über naive Kunst und ihre Entstehung.

Die Mehrzahl aller Inseln suggeriert uns ein Bild von Sonne, Strand und wohlverdienter Faulheit unter blauem Himmel. Wir taxieren ihren Wert (für uns) nach den Erholungswochen, die wir ihnen verdanken. Wir hören den Namen der Insel und denken an Sommer – und unser Gefühl davon. Während jene Inseln uns ganz leicht in unsere Urlaubswelt entführen, sind Winterinseln spröder, hinterlassen aber Eindrücke, die unter die Haut gehen. Die Anziehungskraft von Winterinseln liegt in den nicht immer leicht verdaulichen Geschichten, die sie erzählen, und in der Intensität, in der sie ihre Erlebniswelt darbieten. Winterinseln rufen uns ins Gedächtnis, dass erinnerungswürdiges Erleben nicht nur in der Naschhaftigkeit des Sommers liegt, sondern auch in der Auseinandersetzung mit uns selbst und unserer Lebensmelodie. Diese Inseln schlagen die Schönheit eines Mollakkordes an und hallen lange in uns nach. Deshalb ist Robben Island für immer mit einem Gedicht von William Ernest Henley verbunden. Sein *Invictus* und Shakespeares *Julius Cäsar* halfen Nelson Mandela, viele Jahre auf der Gefängnisinsel zu überleben und danach seinem Land und Menschen rund um den Erdball Visionen von Freundschaft, Glaube an das Leben und Vergebung zu schenken.

Sommerfrische: Das Wort ist aus der Mode gekommen. Ganz zu Unrecht, denn *Sommerfrische* gibt präzise wieder, welchen Luxus diese Inseln erschöpften Besuchern gewähren: abschalten, alle wünschenswerten Annehmlichkeiten eines gelungenen Urlaubs vorfinden und in kurzer Zeit wieder Sinnesfrische tanken.

Spätestens die Wiederentdeckung der Blauen Grotte durch August Kopisch 1826 setzte Capri ganz oben auf meine Liste der Inseln, die Sommerglück versprechen. Während Deutsche versuchten, auf der Piazzetta das Dolcefarniente zu lernen, schrieb George Orwell auf Jura sein Meisterwerk und ließ die Sonne der Literatur aufgehen über einer Insel, die so sehr aus und durch ihre Gemeinschaft lebt, dass man sich wünscht, wenigstens kurze Urlaubswochen pro Jahr Teil sein zu dürfen, und Sommer für Sommer zurückkehren will.

Auf Sir Bani Yas ist immer Sommer. In der Hitze des Orients hat ein Scheich hier ein Wildreservat für die vom

Aussterben bedrohte Arabische Oryxantilope schaffen lassen und so dafür gesorgt, dass die Sonne über diesen mystischen Tieren nicht untergeht.

Sommer, Sonne und Strand sind gut für ein paar Urlaubswochen. Aber was tun nach einer Woche mit Tagen wie saurer Milch? Wohin flüchten, wenn sich Sorgen und Druck zusammenrotten und sich das Leben in der Stadt anfühlt wie der Tanz auf einem Nagelbrett?

Ganz gleich auf welchem Kontinent oder in welcher Stadt man lebt – irgendwo bietet sich immer ein Fluchtpunkt, auf dem man sich abschotten darf gegen die Feinde der eigenen Lebensqualität. Auf diesen Inseln kann man seine Sorgen für kurze Zeit ignorieren – und bei der Heimkehr erstaunt feststellen, dass der Grund der Flucht geschrumpft und die Kraft, ihn auszuhalten, wundersamerweise gewachsen ist.

Phillip Island nahe Melbourne besticht durch ein allabendliches Wunder: den Aufmarsch von Hunderten von Pinguinen, die dort eigens an Land zu kommen scheinen, um nachzusehen, ob sich wieder kluge Menschen eingefunden haben, die einen herrlich friedlichen Abend lang ihren Alltag vergessen und mit ihnen zusammen die Natur und das Leben genießen wollen.

Einige Städter sind besonders glücklich dran, wenn es darum geht, dem Diktat der schnellen Welt zu entkommen. Die Inselvielfalt von Kepulauan Seribu vor Jakarta bietet für alle 52 Wochenenden des Jahres Dutzende von schwimmenden Erholungspunkten, die nach kurzer Überfahrt besucht werden wollen. Wie dort, so hat auch in Seattle der überarbeitete Microsoft- oder Amazon-Mitarbeiter die Qual der Inselwahl zwischen Einsamkeit, Exklusivität, Natur pur und Familienerholung. Der kürzeste Weg aus der Schlucht der Wolkenkratzer ist die rettende Fähre nach Vashon Island, die dem Besucher mit dem Einstieg in die Fähre einen trotzig-begeisterten Ausstieg aus dem US-amerikanischen Mainstream bietet.

Die Auswahl der Inseln, die ich in diesem Buch beschreibe, erfolgte subjektiv und völlig parteiisch – aber alle sind würdige Vertreter für all die ungenannten Inseln, die noch auf ihre Huldigung warten.

Inseln sind vielfältig, und die Eindrücke und Erinnerungen, die sie dem Besucher bieten, altern nicht.

Fahren Sie los und machen Sie ihre Insel-Er-Fahrungen!

IN EUROPA

Magna Carta Island
Capri
Jura

Recht und Freiheit

Magna Carta Island

THEMSE, RUNNYMEDE, ENGLAND, VEREINIGTES KÖNIGREICH

Aus den Wiesen entlang der Themse steigt Morgennebel auf. Das Gras ist nass vom Tau. Kein Lüftchen geht, nur die Strömung des Flusses zieht sanft an den Zweigen einer Trauerweide, die bis ins Wasser hinunterhängen. Die Standarten vor den Zelten am Südufer hängen schlaff herunter, zeigen nicht an, wer sich hinter ihrem Wappen versammelt. Aber König Johann, genannt Ohneland, weiß auch so, wer nach Runnymede gekommen ist und was diese Männer von ihm wollen. Wie wütend sie auf ihn sind. Er ist froh, nicht auf derselben Seite kampieren zu müssen wie die, die sich gegen ihn auflehnen. Trotzdem hat er Angst: Ein gut gezielter Bogen fliegt weiter, als die Themse breit ist. Einen Dolch kann auch ein Freund im Gewande tragen, der nicht nur die Seite des Flusses gewechselt hat.

König Johann hat eine unruhige Nacht verbracht. Bei jedem Laut ist er zusammengezuckt. Jetzt ist er froh über das fahle Licht der Dämmerung und die verhaltenen Geräusche des Erwachens, die zu ihm dringen. Je mehr Menschen draußen mit ihrem Tagwerk beginnen, desto sicherer ist er. König Johann atmet auf: Wenn bis jetzt kein Meuchelmörder zu ihm vorgestoßen ist, dann wird es nun keiner mehr wagen. Da er an diesem jungen Tage tut, was der rebellische Adel von ihm fordert, stehen seine Chancen gut, auch die kommende Nacht zu überleben. Und alle weiteren.

Die erholsame Ruhe aller zukünftigen Nächte wird er sich teuer erkaufen: Er wird der erste König sein, der einen wichtigen Teil seiner Macht aufgibt. Ohne einen Tropfen Blut zu vergießen. Ohne sein Blut zu vergießen.

Vom gegenüberliegenden Ufer stößt ein Boot ab. Sie kommen ihn holen. Schweigend, aber beredt durch ihre Einigkeit. Ihm bleibt nichts übrig, als einzusteigen und sich zum Ziel rudern zu lassen. Freiwillig würde er seinen Fuß niemals auf dieses winzige Eiland setzen, das da nach ein paar Ruderschlägen vor ihm auftaucht. Aber bewacht von einer Heerschar misstrauischer Barone, bleibt ihm keine andere Wahl. Er drückt sein Siegel unter ein Pergament, dessen Wortlaut ihn kleinmacht, aber diesen Moment zur Quelle des englischen Verfassungsrechts. Ob er es will oder nicht: König Johann schreibt am 15. Juni 1215 Geschichte – und schnürt damit den Menschenrechten und der Demokratie die Kinderschuhe.

Ich habe keine Ahnung, ob sich die Szenerie des großen Tages von Runnymede auch nur annähernd mit jener deckt, die ich einst entworfen hatte. Aber damals, in der 7. Klasse der Realschule, in der Geschichtsstunde eines begnadeten Lehrers, habe ich alles deutlich vor mir gesehen, den Morgennebel auf der Haut gespürt, den kalten Rauch der während der Nacht erloschenen Feuer wahrgenommen. Ich bin nicht einmal sicher, ob die Magna Carta Libertatum, die große Urkunde der Freiheit, wirklich auf Magna Carta Island unterzeichnet wurde, da mindestens zwei Plätze in und um Runnymede sich um die Ehre streiten, sich diesen Diamanten in ihre Krone stecken zu dürfen. Aber eines weiß ich genau: dass mein Geschichtslehrer durch seine lebendige Art des Erzählens in mir den brennenden Wunsch weckte, eines Tages Magna Carta Island zu betreten. Indem er uns Geschichte durch Geschichten erzählte, erinnerte ich die abfragbaren Daten ebenso nachhaltig wie das Ereignis selbst. Niemals erschien mir Lernen einfacher, einladender, wichtiger.

Unser Lehrer hielt uns an, nicht nur den trockenen Worten des Geschichtsbuches zu folgen, sondern uns wichtige Ereignisse aus dem Blickwinkel eines Augenzeugen vorzustellen. Seine Aufforderung, uns selbst im Mittelpunkt des Erlebens zu sehen, ganz so, als wären wir dabei gewesen, sorgte dafür, dass ich wissbegierig wurde, erste kleine Szenen schrieb, wie ich mir den Gang des Weltgeschehens vorstellte – oder wünschte. Ich begriff dank seiner, wie ein kleiner Baustein den anderen braucht, um daraus ein Gebäude zu schaffen, und dieser deshalb ebenso wichtig ist wie das große Ganze. Zusammen ergeben selbst kleinste Teile die Kathedrale von Westminster, das Brandenburger Tor oder das Haus eines Nachbarn. Gemeinsam formen die Aussagen von Augenzeugen eine Geschichte, in die sich einzudenken und die zu erinnern lohnt. Hannibal zog nicht allein über die Alpen; jeder einzelne seiner Hunderten von Mitstreitern zog mit und verhalf dem Vorhaben zum Erfolg. Am 12. Oktober 1492 fanden die Einwohner der Bahamas-Insel Guanahani Europäer an ihrem Strand, die sie pfleglich und friedlich behandelten, bevor sie die drei Schiffe nach Hispaniola und in den Weltruhm eines Christoph Columbus weitersegeln ließen. Ich verstand durch meinen Lehrer, dass Geschichtsschreibung und das tatsächliche Ereignis zwei verschiedene Dinge sind und dass in der einen zwar die Daten stimmen, aber in der anderen unzählige von den offiziellen Chroniken vergessene Geschehnisse für den tatsächlichen Lauf der Welt sorgen. Ich lernte begreifen, dass

Zugeständnisse und der Verzicht auf verbriefte Rechte die Welt weiterbringen können als jede Schlacht.

Mit achtzehn Jahren, bei meinem allerersten Besuch in England, kaufte ich mir eine Replik der Magna Carta und hängte sie über mein Bett. Ich träumte von Herrschern, die von ihrer Macht abgeben, von Politikern, die Visionen haben, statt beim Anblick möglicher Pfründe ihre hehre Aufgabe zu vergessen; von Menschen, die tun, was andere lassen, auch auf die Gefahr hin, ausgelacht zu werden. 800 Jahre nach Johann Ohnelands Unterzeichnung zeigt niemand mehr Häme, stattdessen pilgern jeden Tag Hunderte auf die Wiesen von Runnymede, um den Ort zu sehen, an dem der Gedanke geboren wurde, dass jeder Mensch vor dem Gesetz frei und gleich ist.

Ich hege Sympathien für diesen ungeliebten König, der muffelnd und nörgelnd tat, was andere verlangten. Er war der jüngste von vier Söhnen seiner Eltern. Für ihn blieb bei der Erbverteilung der Länder nichts weiter übrig als der abwertende Zusatzname John Lackland. Als Johann Ohneland musste er im Schatten seines hochverehrten Bruders Richard, mit dem strahlenden Beinamen Löwenherz, fast erfroren sein. Aber während sich um diesen fragwürdigen Helden und Kreuzritter Robin-Hood-Legenden strickten, kümmerte sich kein Geringerer als William Shakespeare um den kleinen Bruder und schrieb ihm ein Historiendrama auf den Leib. Für mich der allerbeste Grund, *King John* interessanter zu finden. Ich bin gerne mit Shakespeare einer Meinung.

Dieses Stück lag auf meinem Schoß, als ich Magna Carta Island zum ersten Mal sah. Von Runnymede aus wirkte die Insel wie am Nordufer der Themse vor Anker gegangen. Seit über einer Woche war ich den Fluss entlanggewandert und hatte von der Quelle bis zu diesem Ort schon mehr als 200 Kilometer beeindruckende Landschaft und unvergessliche Momente hinter mich gebracht. Für mein erstes Rendezvous mit Magna Carta Island hatte ich meine Zeit sorgfältig gewählt. Frühnebel lag auf den Wiesen und zeichnete durch die aufgehende Sonne vom nahen Cooper's Hill bis hinunter zum Wasser einen doppelten Regenbogen. Ich hatte meine Wanderstiefel ausgezogen, ließ meine Füße ins Wasser baumeln und las, bis der Sonntagstrubel einsetzte. Familien mit Picknickdecken und Körben schwer von Köstlichkeiten und Gruppen von Schülern und Studenten überfielen den Park und genossen den Sommer.

Ich sah sehnsüchtig zur Insel hinüber, die laut Karte durch eine Brücke mit dem Festland verbunden war, und registrierte alles, was ich von hier erkennen konnte. Eine breite Empfangstreppe verlief bis hinunter zum Wasser und einer Anlegestelle, an der ein imposantes Boot festgemacht war. Das Haus dahinter versprühte einen herrschaftlichen Charme, ohne protzig zu wirken. Ich schätzte seine Größe auf sieben bis zehn Zimmer und las in meinem Wanderführer mit Bedauern, dass die Insel sich in Privatbesitz befand. Ich gab mich keiner Illusion hin: Einfach hinüberschwimmen und die Bewohner tropfnass um Handtuch und Einlass bitten kam nicht infrage – so gerne ich auch erfahren hätte, wie es sich anfühlte, eine so geschichtsträchtige Stätte zu beleben. Ich entschied mich stattdessen für Stichproben bei den Ausflüglern um mich herum. Manchmal ist es gut, mit Gänsehaut allein zu sein, aber an diesem Tag wollte ich wissen, wie dieser besondere Ort auf Leute wirkte, die ihn öfter besuchen konnten als ich, und so meiner Sehnsucht nach einem Betreten der Insel weiter Nahrung geben.

Ich wurde nicht enttäuscht. Eine junge Mutter, die mit schokoladeneisglücklichen Zwillingen ihr Sonntagslager unter einer Weide aufgeschlagen hatte, wollte nirgends anders leben als in Reichweite der Themse und dieser Wiesen. Sie zählte mir auf, an welchen Orten ich die letzten vier Originale der Magna Carta sehen könnte und dass die in der Kathedrale von Salisbury besonders gut erhalten sei.

Zwei Schüler aus Eton waren zwar bestens über die Magna Carta informiert, aber zu sehr mit dem Rauchen erster Zigaretten beschäftigt, als sich über so etwas Profanes wie 800 Jahre alte Gesetze auslassen zu wollen. Meine Meinung zu englischem Fußball hingegen interessierte sie brennend. Das Thema schaltete auch ein paar ältere Kollegen einer anderen Picknickdecke dazu, die mit Zigaretten schon ebenso viel Übung zu haben schienen wie mit dem ultimativen englischen Sommerdrink Pimm's No. 1, einer Art Kräuterlikör auf Ginbasis, die großzügig mit Ginger Ale aufgegossen und mit Zitronen- und Orangenscheiben, dünnen Apfelschnitzen, einem Pfefferminzblatt sowie Stückchen grüner Gurke genossen wird. In der Hitze des fortgeschrittenen Tages nahm ich das Angebot mitzutrinken gerne an und gestand den vier jungen Herren neidlos zu, noch nie einen besseren Pimm's probiert zu haben. Als ich das Lob aussprach und um das Geheimnis dieser perfekten englischen Sangria-Variante bat, teilten die Freunde einen verschwörerischen Blick, und einer sagte: »Ganz einfach, man muss nur die Hälfte des Ginger Ales zu Hause vergessen …«

Nach dem Pimm's verlangte es mich nach Substanz im Magen, und ich machte mich zum Magna Carta Tearoom auf. Er ist in einem der eindrucksvollen Torhäuser untergebracht, die man, von Windsor kommend, passiert, bevor man die Wiesen von Runnymede erreicht. Sie wurden in Erinnerung an Urban Hanlon Broughton erbaut, jenem Mann, der den geschichtsträchtigen Grund und Boden aufkaufte, um ihn als freies, ursprüngliches Weideland für die Nachwelt zu erhalten. Nach seinem Tod übergab seine Witwe das gesamte Areal dem National Trust, der diese hehre Aufgabe weiterführt und dabei auch das leibliche Wohl der Besucher nicht vergisst.

Meinen Platz für Sandwich und Salat fand ich neben einer US-Amerikanerin, die nur zu glücklich war, ihre Begeisterung für die Magna Carta mit mir zu teilen. Als Juristin wollte sie vor allem das Magna Carta Memorial besichtigen, für dessen Errichtung die American Bar Association, die amerikanische Rechtsanwaltskammer, verantwortlich zeichnet. Wir unterhielten uns, wie aus einem alten Dokument über die Jahrhunderte der Grundstein der US-amerikanischen Verfassung und der EU-Menschenrechtskonvention und der Allgemeinen Erklärung der Menschenrechte der Vereinten Nationen werden konnte und welche Teile des Urtextes uns besonders gefallen. In Britts Lieblingsparagraf gewährleistet die Magna Carta Witwen ihr Heiratsgut und Erbteil und stellt damit Frauen erstmals auf dieselbe Stufe wie Männer. Ich präferierte den Teil, der klarstellt, dass keine Witwe mehr zur Ehe gezwungen werden darf, solange sie es vorzieht, ohne einen Mann zu leben, und der damit die Hintertür verschloss, durch die diese Frauen ihr Hab und Gut sofort wieder verloren. Gemeinsam dachten wir darüber nach, wie natürlich es uns heute erscheint, dass niemand ohne glaubwürdige Zeugen oder Beweise vor Gericht gezogen werden kann. Nicht nur im 13. Jahrhundert und nicht nur in England, sondern überall und jederzeit lesen sich die folgenden Worte wie ein Versprechen: »To no one will we sell, to no one will we refuse or delay right or justice.« Wir werden das Recht oder die Gerechtigkeit an niemanden verkaufen, niemandem verweigern und für niemanden aufschieben.

Wir diskutierten über Stunden – bei vielen Tassen Tee und Kaffee, auf dem Weg zum Monument und zurück zum Parkplatz, auf dem Britt ihre Gruppe wiedertraf und weiterfuhr nach Stratford-upon-Avon, zu einer Vorstellung der Royal Shakespeare Company, mit meiner zweisprachigen Ausgabe von *King John* im Gepäck.

Ich schlenderte ein wenig verloren zu dem Platz zurück, an dem ich den Tag begonnen hatte. Ein Angler hatte ihn in Beschlag genommen und schaute immer wieder prüfend zum Himmel, weil er Regen und Wind und somit sinkenden Luftdruck erwartete, der ihm eine höhere Beißfrequenz der Fische bescheren sollte. Da er nicht der erste Angler war, dem ich auf meiner Wanderung begegnet war, gab ich die Weisheiten wieder, die ich zwischen der Quelle und seiner Angel aufgesammelt hatte, und fragte ihn außerdem nach seiner Meinung zur Magna Carta. Er zeigte über den Fluss und erzählte von der Theorie, dass sie am Nordufer unterzeichnet worden wäre, irgendwo zwischen der Ankerwycke Yew, einer auf 2000 Jahre geschätzten Eibe und den Ruinen der St. Mary's Priory, einem ehemaligen Nonnenkloster. Viele Jahre nach der Unterzeichnung hätte dort Heinrich VIII. eine seiner vielen Frauen heimlich getroffen, erzählte er. »Welche, weiß ich nicht mehr. Aber unter diesem Baum hat er gewartet, bis sie kam. Heutzutage hat der Baum acht Meter Umfang, aber auch zu Johns Zeiten muss die alte Eibe schon eindrucksvoll gewesen sein. Und solche natürlichen Wahrzeichen hat man doch früher gerne für wichtige Ereignisse genutzt, richtig?« Dann zeigte er mit der Angel noch einmal ins gelobte Land. »Obendrein«, fügte er wehmütig hinzu, »beißen auf der Seite die Fische besser.«

Es dauerte mehrere Jahre, bis ich die knorrige Eibe sah, die nach Meinung dieses Anglers Zeugin der Ereignisse um die Magna Carta geworden war. Ich hatte beruflich in London zu tun und war früher fertig als erwartet. Kurz entschlossen setzte ich mich in den Zug nach Wraysbury, einem idyllischen Dorf an der Nordseite der Themse, nur wenige Kilometer Fußweg von Magna Carta Island entfernt. Es war ein brütend heißer Tag Ende August, und mein Rucksack drückte schon, als ich den Bahnhof verließ. Ich folgte dem Rundwanderweg, der bei Ankerwycke Farm beginnt und über das gesamte historische Gelände führt. Erklärungstafeln inklusive. Ich traf außer mir keinen anderen Menschen, da die sich vermutlich an diesem Tag alle an der See oder im Schwimmbad erholten. Im Schatten der Eibe verglich ich die Stimmung dieses Naturschutzgebietes mit dem Tummelplatz auf der Runnymede-Seite des Flusses und war dankbar, dass es beides gab: die Geselligkeit und die Stille. Die gesamte Zeit war ich mir überdeutlich bewusst, dass ich in Reichweite der Brücke saß, die mich von Magna Carta Island trennte, und beschloss, wenigstens diese gesehen zu haben. Nichts lag mir ferner, als heimlich auf die Insel zu schlüpfen und herumzuschnüffeln. Aber ein gnädiger Zufall hatte sich vorgenommen, meine Magna-Carta-Szene aus der 7. Klasse Realschule an diesem Tag endlich mit der Wirklichkeit abzugleichen. Der Sohn der Besitzerin der Insel wartete auf Besuch und stand deshalb am Brückentor. Er grüßte freundlich, und ich gestand ihm prompt meine Leidenschaft für Inseln im Allgemeinen und seine im Besonderen. Freundlich lud er mich zu einer eisgekühlten Limonade auf sein geschichtsträchtiges Eiland ein, erzählte vom Besuch Elisabeth II., die mit dem Schiff angelegt hatte, um im Garten einen Baum zu pflanzen, und von Plänen der Familie, alles zu verkaufen, wenn das Leben auf der Insel zu einsam würde. Ich genoss jeden Schritt durch das Portal bis hinein in jenes Zimmer, das der Erbauer des Hauses schon 1834 für die Memorabilien der Carta vorgesehen hatte. Der Charter Room war angenehm kühl und schummerig nach der gleißenden, hellen Hitze draußen, aber ich schwitzte trotzdem vor Aufregung. Der Stein, auf dem das Dokument gelegen haben soll, war achteckig und wirkte durch eine Eichenholzeinfassung viel wuchtiger, als ich ihn mir vorgestellt hatte. Ich ließ meine Hand ehrfürchtig über die Inschrift gleiten, während mein freundlicher Gastgeber mich auf die Wappen der einzelnen Barone an den Wänden des Erinnerungsraums aufmerksam machte, die König Johann umstanden haben müssen, als sie auf den Beginn einer neuen Ära hofften.

Die wenigen Fotos dieses Tages habe ich nie jemandem gezeigt. Mit zittrigen Fingern in einem dunklen Zimmer auf den Auslöser einer wenig lichtempfindlichen Kamera zu drücken bringt keine vorzeigbaren Ergebnisse. Aber ich brauche nur die Augen zu schließen, dann sehe ich die kleine Insel und diesen Raum wieder vor mir – genauso wie den Morgennebel aus der Geschichtsstunde Jahrzehnte zuvor.

Als ich Magna Carta Island verließ, glaubte ich, dieser Moment wäre die einzige Gelegenheit gewesen, das Haus und seinen Grund zu betreten. Aber so wie Romane einen Epilog haben können, so hoffe ich auch noch auf einen Nachsatz für mich und Magna Carta Island. Seit einiger

Zeit kann die Insel als Feriendomizil gemietet werden. Der Tagespreis liegt zwar nur knapp unter der Jahreszahl der Unterzeichnung des Dokumentes, aber ich bin geduldig. Ich suche ab jetzt elf Personen, die sich drei Tage mit mir in lebendiger Geschichte einnisten wollen und das Inselleben so für alle erschwinglich machen, Swimmingpool inklusive. Bis ich diese Gruppe gefunden habe, werde ich schreiben und sparen und schreiben und sparen …

Magna Carta Island füllt Ihren Erinnerungskoffer mit ...

… einem Picknick unter schattigen Bäumen auf der Runnymede-Seite, um dabei die Laute und die Freuden des Sommers in vollen Zügen zu genießen,

… einem entspannten Spaziergang auf dem Rundwanderweg von Ankerwycke Farm auf der Nordseite der Themse, der an der alten Eibe und den Ruinen des Nonnenklosters vorbeiführt und dabei sommerliche Stille und Natur pur bietet,

… einer Bootsfahrt auf der Themse, am besten mit dem Schaufelraddampfer, der gemächlich mehrmals am Tag an Magna Carta Island vorbeituckert.

Geschmackvolle Souvenirs:

- ✓ *Cream Tea* mit *Scones,* Marmelade und *Clotted Cream* im Tearoom des National Trust – hier zu essen erhält gleichzeitig das Kulturerbe des Landes. Da dürfen es ruhig ein paar Kalorien mehr sein.
- ✓ Pimm's No. 1, die englische Sangria, auf kühlendem Eis – *very British*
- ✓ Lunch aus dem gut gefüllten Picknickkorb auf karierter Decke – am besten in guter Gesellschaft

Vor Ein- oder nach dem Ausschiffen zu lesen:

Die *Magna Carta,* in einer Übersetzung oder im Original. Am besten in der British Library in London, in Lincoln Castle oder in der Kathedrale von Salisbury.

William Shakespeares Drama *König Johann.* Das Stück wird heute nur selten aufgeführt – leider geht das den Menschenrechten an vielen Orten der Welt ähnlich …

Wer ein Gefühl für den Sommer an der Themse bekommen will, lese Jerome K. Jeromes *Drei Mann in einem Boot. Ganz zu schweigen vom Hund,* das von einer Ruderpartie erzählt, die über zwei Kapitel an Runnymede vorbeiführt und Jeromes ganz eigene Magna-Carta-Fantasie ausbreitet. Prädikat: zauberhaft-fröhliche Sommerlektüre, durch die auf jeder Seite die Sonne tiefer Freundschaft leuchtet.

Rudyard Kiplings *Puck vom Buchsberg,* ein Fantasybuch der ersten Stunde, in dem Storys und Gedichte über historische Ereignisse erzählt werden, die durch die Unterzeichnung der Magna Carta zusammengeführt werden, nicht historisch einwandfrei, aber einwandfrei zu lesen.

Fels in der Brandung der Literatur

Capri

GOLF VON NEAPEL, ITALIEN

Insel der Zitronen, Insel des Jetsets, Insel der Blauen Grotte und der schmalzigen Lieder über untergehende Sonnen, Insel der Massen von Tagestouristen, der Egozentriker und Egomanen … Alle, die nach Capri reisen, finden ihre eigene Insel, bekommen, wonach sie suchen und was ihnen entspricht. Capri ist ein schillerndes Chamäleon. Sie passt sich den Vorurteilen, aber auch den Sehnsüchten und Wünschen ihrer Besucher an und präsentiert jedem das für ihn geeignete Bild.

Für mich ist Capri in erster Linie eine Insel der Literatur. Viele meiner Helden der schriftstellerischen Zunft liebten diesen Felsen im Tyrrhenischen Meer, einige von ihnen wählten ihn als Zuflucht vor der Welt wie Graham Greene, Sir Compton Mackenzie und Norman Douglas. Oder als politisches Exil, wie Maxim Gorki und der chilenische Literaturnobelpreisträger Pablo Neruda. Sie alle genossen nicht nur Capris Anmut, sondern auch die Weltoffenheit ihrer Bewohner und waren dankbar, ihr Leben auf der Insel so gestalten zu dürfen, wie es anderenorts nicht möglich gewesen wäre: unbehelligt, selbstbestimmt, angstfrei. Viele dankten es Capri mit Romanen, Gedichten und Gedanken von und über das Eiland. Die Bibliothek des Centro Caprense hat Aberhunderte von Büchern im Bestand, für die Capri die Inspiration lieferte oder in denen die Insel

Schauplatz des Geschehens ist. Hier kann man alles finden, was historisch oder literarisch verarbeitet wurde, und es noch am gleichen Tag mit der Wirklichkeit und dem eigenen Eindruck vergleichen.

Und man erkennt: Wenn jedes Haus auf Capri ein Museum wäre, in dem einst bekannte Schriftsteller gewohnt haben – der Wohnraum würde knapp, und viele Hotelzimmer dürften nie wieder vermietet werden. Das *Hotel La Palma*, zu damaligen Zeiten noch *Hotel Pagano* genannt, müsste ein Theodor-Fontane-Zimmer einrichten, eines für Gerhart Hauptmann, Alexandre Dumas und Hans Christian Andersen. Das Quisisana könnte mit Oscar Wilde, Ernest Hemingway, Simone de Beauvoir und Jean-Paul Sartre punkten.

Maxim Gorki zog während seines acht Jahre währenden Exils auf Capri von Haus zu Haus, bis er endlich in der Villa Pierina, oberhalb der Marina Piccola, zur Ruhe kam. Hier bot er Kollegen und Freunden wie Iwan Bunin und Leonid Andrejew Unterschlupf und den Frieden und die Freiheit zum Schreiben. Im Jahre 1908, in seinen Tagen mit Lenin, stelle ich mir vor, malten sich die beiden aus, welchen Einfluss sie auf das Weltgeschehen haben könnten, und setzten ihre Ideen schreibend und redend in die Tat um.

Marguerite Yourcenar begann in derselben Bucht die Arbeit an ihrer wunderbaren Hadrian-Biografie *Ich zähmte die Wölfin*.

Graham Greene wartete in seinem Haus in Anacapri jahrzehntelang auf den Nobelpreis, der ihm immer verwehrt blieb. Für mich hatte er mit der Chance, auf Capri zu leben, jedoch das größere Los gezogen.

Einer der wohl exzentrischsten Langzeitbesucher Capris war Kurt Erich Suckert, besser bekannt als Curzio Malaparte, der sein Haus *Casa come me,* »Haus wie ich«, nannte. Es wirkt so besonders, so abenteuerlich-futuristisch, wie es da wie eingegossen auf einer weit ins Meer hinausragenden Felsnase liegt, dass man sofort zu einem seiner Bücher greift, um herauszufinden, ob er so schrieb, wie er wohnte. Heute würde man die Vokabel »durchgeknallt« auf einen Mann anwenden, der in glühender Hitze splitterfasernackt und bis zur Besinnungslosigkeit auf dem Flachdach seines Hauses Fahrrad fuhr und vom erklärten Faschisten zum erklärten Mao-Liebhaber konvertierte. Gleichzeitig würde man ihm damit aber auch Tribut für seine gelebten Leidenschaften zollen.

Ich blicke gerne auf diese kühne Architektur hinunter und wünsche mir brennend, dass die Besitzer des Hauses sich eines Tages erbarmen und es ein paarmal im Jahr zur Besichtigung freigeben möchten. Ich würde tagelang Schlange stehen, um Malaparte beim Gang durch sein steingewordenes Ich endlich besser zu verstehen.

Auf diese Chance warte ich geduldig, da ich bereits durch zwei andere Literaturhäuser der Insel gelernt habe, dass sich Warten auf Capri lohnt.

Eines dieser Häuser ist die melancholisch-romantische Villa Lysis aus dem Jahre 1905, die jahrelang auf dem besten Weg war, völlig zu verfallen. Dieser elegische Rückzugsort des Poeten Jacques d'Adelswärd-Fersen, eingewoben in dichtes Grün und ohne direkte Nachbarn, erstrahlt dank der Übernahme durch die Kommune von Capri endlich wieder in ganzer Schönheit. Für d'Adelswärd-Fersen wurde Capri zur geistigen und körperlichen Zuflucht, als sich das bis dahin von Erfolg gekennzeichnete Blatt seines Lebens wendete und er wegen Unzucht mit jungen Männern angeklagt wurde. Obwohl er in Rechtsanwalt Demange, der auch an die Unschuld eines Dreyfus geglaubt hatte, den denkbar besten Verteidiger besaß, wurde er zu einem halben Jahr Haft und fünf Jahren Ausschluss aus öffentlichen Ämtern und Berufen verurteilt. Unter Depressionen leidend, zog er anschließend nach Capri, wo er sich ein Refugium schuf, der Liebe und dem Leid geweiht – AMORI ET DOLORI SACRUM, wie über dem Eingangsportal zu lesen steht.

Aber auch diese opulente Villa konnte ihn nicht aus seiner inneren Düsternis befreien. Eines Abends reichte es ihm nicht mehr, die Tage mit Kunst zu füllen und von seinem Freund geliebt zu werden. Er löste Kokain in Champagner auf und setzte mit diesem außerordentlichen Cocktail seinem Leben ein Ende.

Ich wandele durch die wohldurchdachten, oft verspielt wirkenden Räume seines Hauses, stehe mit offenem Mund auf der Terrasse, die Hunderte Meter über dem inselumfassenden Blau thront, und bedauere den Menschen, dem diese Schönheit nicht mehr helfen konnte.

In dieser alle Sinne bindenden Umgebung wird mir der Unterschied zwischen persönlicher Verletzung durch gesellschaftliche Ächtung und politischem Exil deutlich, das zwar aus Überzeugung in die Ferne treibt, aber keinen Bann auf die Seele legt.

Pablo Neruda kommt mir in den Sinn, der viele Jahre nicht wagen durfte, nach Chile zurückzukehren, und der dennoch auf Capri sehr glücklich gewesen sein muss, jedenfalls, wenn ich den hier entstandenen Gedichten Glauben schenken darf. Und einem Lob, das er in seinen Memoiren dem berühmten Historiker und Capresen Edwin Cerio in den Mund legt: Gottes Meisterwerk ist Capri.

Nicht nur auf der Terrasse der Villa Lysis, auf jedem der berührenden und betörenden Belvedere der Insel gebe ich ihm recht: Capri ist ein offenes, von Göttern geschriebenes Buch, dem kein alltäglicher Vergleich gerecht wird.

Ich kannte viele der Romane und Novellen, der Beschreibungen und Gedichte über die Insel, bevor ich meine erste Reise plante. Die Begeisterung, die aus ihnen sprach, überredete mich, hinzufahren – aber ich hätte nicht damit gerechnet, dass kaum eine Schilderung der Anmut und Strahlkraft Capris gerecht werden würde. Um es profaner zu sagen: Ich war nicht darauf gefasst gewesen, dass die Insel mich derart fest umarmen und mir dabei alle meine Bücher aus der Hand fallen würden …

Deshalb ist mir auch eine Begebenheit an der Bushaltestelle im Zentrum von Anacapri deutlich in Erinnerung geblieben, in der mir wildfremde Menschen die Wirkung dieser Insel bestätigten:

»Auf so viel Schönheit war ich nicht vorbereitet«, jubelte eine amerikanische Touristin, willens, ihre Begeisterung mit anderen zu teilen. »Diese Gerüche, diese Küche, diese Vielfalt der Farben, diese unglaublichen Fernblicke. Capri ist reine Augenlust.« Sie strahlte die Menschen in der Warteschlange an, als wären wir alte Bekannte, nur weil wir so klug gewesen waren, auch nach Capri zu reisen. Ihre Begeisterung riss uns alle mit. Die Capresen lächelten wissend, eine Familie aus Deutschland bedauerte, nur zum Tagesausflug von Ischia herübergekommen zu sein, zwei Rucksacktouristinnen aus den Niederlanden hatten Capri nur kurz abhaken wollen, suchten jetzt aber eine Bleibe für die Nacht. Ich fühlte mich bestätigt, ganz so, als würde die enthusiastische Frau ein Gemälde in meiner guten Stube bewundern, das ich selbst nie müde werde zu betrachten.

Ailene kam aus Hawaii und verstand somit einiges von Inseln und überwältigender Landschaft, aber Capri, beteuerte sie, spiele in einer Liga ganz für sich allein, auch weil die Bewohner den Eindruck machten, als würden die Massen der Besucher sie nicht in ihrem alltäglichen Leben stören. Sie würde zu Hause selten entspannt reagieren, wenn sie zum x-ten Mal an einem Tag nach dem Weg gefragt würde.

Ich hörte der Aufzählung der Sehenswürdigkeiten zu, die sie schon besucht hatte: das Haus des berühmten Arztes Axel Munthe, in die Klippen geschmiegt wie ein schwebender Terrassengarten, die Blaue Grotte, die trotz der Touristenströme immer wieder verzaubert, die Serpentinen der Via Krupp, die niemand entlangschlendert, um von A nach B zu kommen, sondern weil sie mit jeder Biegung faszinierende Ausblicke bietet, die Villa Jovis mit dem Salto di Tiberio, dem Tiberiussprung, von dem es fast 300 Meter in die Tiefe geht und an dem Gegner des wenig zimperlichen Kaisers unfreiwillig das Fliegen lernten. Ailene gestand freimütig ein, uns auch in ein Gespräch verwickelt zu haben, weil sie nach der Busfahrt vom unteren Teil der Insel hinauf nach Anacapri ein mulmiges Gefühl habe, wieder in den öffentlichen Bus zu steigen. Gerade weil Capri im wahrsten Sinne des Wortes atemberaubend sei, wollte sie sich durch uns ablenken und Mut für die Rückfahrt holen. Obwohl sie den Verlauf der aus dem Felsen gehauenen Straße von unten hatte erkennen können, waren ihr keine Bedenken gekommen, nach Anacapri zu fahren. »Als ich aber während der Fahrt begriff, wie niedrig die Schutzmauer ist, die mich vom Abhang und einer Katastrophe trennt, und mit Schrecken bemerkte, dass die Einwohner sich auf dem steilsten Stück bekreuzigen«, sagte Ailene und fasste sich an den Hals, »da habe ich schlucken müssen.«

Ich lachte ertappt. Auch ich hatte schon mehr als einmal den Atem angehalten, wenn sich zwei Busse an der engsten Stelle aneinander vorbeidrängeln mussten. Vom Auto aus glaubt man die Straße einigermaßen gesichert. Aus dem höheren, öffentlichen Bus wirkt die Brüstung jedoch unzulänglicher, gefährlicherer; ein Eindruck, der durch die Einwohner, die unterwegs mit konzentriertem Blick das Kreuz schlagen, imponierend unterstrichen wird.

Eine Capreserin in bestem Sonntagsstaat, auf dem Weg zu einer Geburtstagsfeier in Marina Piccola, erklärte es uns: »Wer nur einmal von Capri nach Anacapri hinauffährt, kann es als pures Glück betrachten, gesund oben anzukommen, aber wer Tausende Male von einem Ort zum anderen pendelt und sein Ziel immer unbeschadet erreicht, darf das nicht als Selbstverständlichkeit nehmen. Man sollte sich nie daran gewöhnen, von Unglück verschont zu bleiben. Jede sichere Fahrt ist einen kurzen Gedanken und innigen Dank an meine Schutzheilige wert.« Dann lächelte sie Ailene an. »Sie profitieren davon. Die guten Mächte sortieren schließlich nicht aus. Sie geleiten alle im Bus sicher nach unten.«

Auf der Rückfahrt standen Ailene und ich nebeneinander, froh, auf der Felsseite der Straße das Gefühl relativer Sicherheit zu haben. Sie zeigte auf meine staubigen Wanderschuhe. »Wo braucht man die hier denn?«, wollte sie wissen.

Ich erzählte ihr von den vielen Wanderwegen, die Capri jenseits der Geschäftigkeit durchzögen. Sie war sofort Feuer und Flamme. »Es gibt einen Ort, wo ich mit Capri ganz allein sein kann? In aller Ruhe? Nur die Insel und ich?«

Ich erzählte von dem Ausflug, den ich ausnahmslos jedes Mal mache, wenn ich die Insel besuche, weil er für mich die Symbiose meiner Leidenschaft für Literatur und die Insel Capri verkörpert und mich mit grandiosen Ausblicken in absoluter Stille belohnt.

Der Genuss beginnt an der Talstation des Sessellifts direkt an der Piazza Vittoria, dem zentralen Platz Anacapris. Hier entrichte ich meinen Obolus für die einfache Fahrt auf den Berg und warte darauf, von geübten Händen der Angestellten in einem der Sessel platziert und gesichert zu werden. Jeder Sessel ist ein Logenplatz, ohne Nachbarn. Hier sitzt man ganz allein. Nichts lenkt ab von der Fahrt und dem Staunen über die Fernblicke.

In dem Moment, in dem der Sessellift die Talstation verlässt und meine Füße ins Nichts baumeln, frage ich mich regelmäßig, ob der Aufstieg per pedes nicht eine bessere Idee gewesen wäre. Der Zweifel verfliegt im wahrsten Sinne des Wortes, sobald der Sessellift die Dachfirste der Häuser hinter sich gelassen hat, das Hupen der Vespa-Bataillone leiser geworden ist und ich vergesse, dass um mich herum … nichts … ist … außer Capris Zauber.

Das leichte Wippen, wenn der Sessel über die Stützpfeiler getragen wird, verstärkt das Gefühl, sich auf einer riesigen Schaukel zu befinden, die nicht auf und nieder, sondern allein vorwärtsstrebt, hinauf zum Monte Solaro, dem höchsten Berg der Insel.

Am Berghang gibt es bald nur noch wenige Häuser, in deren Gärten man die Liebe der Capresen zu üppiger Blumenpracht bestaunen kann. Bougainvillea, Orchideen, Gladiolen wechseln sich ab mit wilder Macchia, Pinien und Johannisbrotbäumen. Rechter Hand breitet sich Anacapri aus. Von hier oben sehen die Häuser aus wie weiße Baukästen, die dicht an dicht gestellt wurden, um schattige Gassen zu bilden. Über den Rand Capris hinaus zeichnen sich andere Inseln auf dem Wasser ab, wie grüne Punkte auf einem azurblauen Teller: Ischia, Procida und das kleine Vivara, Naturschutzgebiet des WWF.

Auf der Talseite des Sessellifts kommt mir ein junger Mann in Bermudas und offenem weißem Hemd entgegengeschwebt. Er meckert hartnäckig in ein Handy, angestrengt damit beschäftigt, sich der Schönheit um ihn herum zu verschließen. Das Mädchen im nächsten Sessel dagegen staunt mit offenem Mund über die Landschaft, als wäre sie bei ihrer Auffahrt noch nicht da gewesen. Sie hätte nicht ganz unrecht: Der Blickwinkel spielt bei dieser lautlos-sanften Reise eine entscheidende Rolle, weil jeder Höhenmeter eine andere Perspektive schenkt. Aus diesem Grunde besteige ich den Berg zwar gerne auf bequeme Art, aber verlasse ihn stets auf einem der alten Pfade und auf Schusters Rappen.

Die Bergstation des Monte Solaro liegt auf fast 600 Metern und bietet eine der schönsten maritimen Fernsichten der Erde. Gerade deshalb ist sie für die an das gepflegte Aussehen Capris gewöhnten Besucher eine Enttäuschung. Der kleine Kiosk verkauft zwar Erfrischungen und hat ein paar Tische aufgestellt. Aber das gesamte Areal wirkt ein wenig in die Jahre gekommen, mit leer stehenden Räumen, groß genug für festliche Bankette, die heute keiner mehr gibt. Man wünscht sich ein gemütliches Restaurant in die Leere hinein, um den vergangenen Glanz neu zu beleben und das Bedauern über nicht verschickte Einladungen zu bekämpfen. Von dieser vertanen Chance einer Traumlage abgesehen, stellt sich dem Blick nichts in den Weg: Bis zur Amalfiküste und hinunter ins Cilento ist das Panorama so unwirklich schön, als würde ein Maler der Romantik sein bestes Werk präsentieren.

Gleich unterhalb des ungenutzten Gebäudes beginnt ein steiler, vom winterlichen Regen ausgewaschener Wanderweg, der unter schattigen Bäumen nach Anacapri zurückführt. Schon hier, wenig unterhalb der großen Aussichtsterrasse, ist kaum mehr etwas von ihrem Betrieb zu hören. Wer sich für den Fußweg entscheidet, wird für seine Mühen sofort mit intensiven Düften von Rosmarin, Thymian und wilder Minze belohnt. An der einzigen Wegkreuzung des Berges steht eine ausladende Pinie, unter der eine Bank auf Pilger wartet, die von hier den Kreuzweg zur Einsiedelei von Cetrella beten wollen. Spätestens an dieser Stelle befällt mich ein seltsames Gefühl aus erwartungsvollem Kribbeln und purer Gelassenheit, weil ich gleich die zwei Gebäude wiedersehe, die mir mein persönliches Capri zu Füßen legen: die Casa Mackenzie, das wohl einsamste Museum Italiens, und die Kapelle der Santa Maria a Cetrella, die kleine Kartause mit dem großen Panorama.

Der Weg zum ehemaligen Wohnhaus des schottischen Schriftstellers Sir Edward Montague Compton Mackenzie führt entlang der Stationen des Kreuzwegs in friedfertige Abgeschiedenheit und ist für mich zugleich eine Zeitreise. Diesen Pfad haben so berühmte Literaten wie Graham Greene, D. H. Lawrence und Norman Douglas beschritten, um die quirlige Geschäftigkeit Capris hinter sich zu lassen und gemeinsame Stunden zu verbringen. Ich stelle mir vor, wie sie am frühen Morgen von der Piazza Vittoria in Anacapri aufbrechen, um noch vor der Mittagshitze an den Ort zu gelangen, an dem sich ihr Freund und Kollege ein Heim und die Ruhe für seine Arbeit geschaffen hat.

Compton Mackenzie war nicht nur vernarrt in Capri, er liebte Inseln per se, schrieb auf ihnen, lebte auf ihnen, verewigte sie in seinen Werken – und ist mir durch diese gemeinsame Leidenschaft sehr nah. Aus Capri machte er in zwei seiner Bildungsromane die Insel Sirene, einem Hafen für alle, die sich nach Toleranz für gleichgeschlechtlich Liebende sehnen. Mit meinen zerfledderten und zerlesenen Exemplaren sitze ich im Gras und genieße die köstlichen Beschreibungen des Autors und seine Selbstverständlichkeit auszusprechen, was bis heute nicht überall selbstverständlich ist. Mit feinsinnigem Humor, sprachlicher Eleganz und unbestechlichem Blick beschreibt Mackenzie das Zusammentreffen der gut betuchten Langzeitbesucher der Insel mit jenen, die auf der Insel geboren wurden und sie nicht als amüsanten Zeitvertreib erleben.

Mackenzie baute sich sein Schreibhaus mitten hinein in das abgelegene Cetrellatal, einem Urbild süditalienischer Natur: Waldkiefern und Ginster wechseln sich ab mit Wildblumen und Zitronengras, von dem der Bergeinschnitt seinen Namen hat. Hier oben gibt es keine andere menschliche Behausung, keine Nachbarn außer Bergziegen und Seemöwen und der verlassenen Einsiedelei von Santa Maria a Cetrella. Mackenzie muss auch so etwas wie ein Eremit gewesen sein, wenn er diese Einsamkeit Jahr für Jahr, Winter wie Sommer, als inspirierend empfunden hat.

Als ich das erste Mal herkam, wusste ich nichts von der Schönheit des Tals zwischen dem höchsten Berg der Insel und dem Monte Cappello. Ich suchte vor allem den Ort, an dem Compton Mackenzie Bücher geschrieben hat, die mich nicht nur berühren, sondern auch großartig unterhalten. Damals war von meinem persönlichen Wallfahrtsort wenig mehr übrig als die Seitenwände und ein verwilderter Garten.

Compton Mackenzie war einer der einflussreichsten Literaten Großbritanniens, Mitbegründer der Scottish National Party und Mitarbeiter des britischen Geheimdienstes. Er wurde trotz seiner nicht immer konformen Haltung geadelt – und das Haus, in dem er viele Jahre lebte und Bücher nach meinem Geschmack schrieb, war heute nicht mehr als eine Ruine?

Ich dachte an die Villa Lysis, die damals ebenso wenig zugänglich war, und wünschte mir eine weltweite Stiftung zum Erhalt literarisch wichtiger Häuser, vielleicht getragen von Verlagen, die so obendrein dafür sorgen könnten, dass ihre Autoren und Autorinnen in aller Munde und vor aller Augen blieben.

Enttäuscht ging ich den Weg weiter bis zur Einsiedelei Santa Maria a Cetrella, um von der dortigen Kapelle aus den Wunsch in die Welt zu schicken, dass irgendjemand das Haus wieder zum Leben erweckte – oder ersatzweise dafür sorgte, dass ich genug Geld in die Finger bekäme, um diese Aufgabe selbst übernehmen zu können …

Beim zweiten Besuch, wenige Jahre später, standen Gerüste an den Wänden, und zwei Bauarbeiter saßen in der brütenden Mittagssonne. Alle Materialien für die Renovierungsarbeiten waren mühevoll den steilen Weg zum Grundstück hinaufgeschafft worden: von den Amici di Cetrella, den Freunden des Cetrellatals, organisiert und unterstützt. Ich wollte sofort eine Amiga sein und helfen. Leider konnten die Bauarbeiter mir zwar wortreich erklären, wie sie die Casa Mackenzie herrichten sollten, aber einen Ansprechpartner für meinen Beitrittseifer hatten sie leider nicht. Ich begnügte mich nicht mit der Freude darüber, dass es Menschen gab, die das Haus, in dem Geschichte und Geschichten geschrieben wurden, ebenso gerne erhalten wollten wie ich, sondern behielt die Amici und die Renovierungsarbeiten weiter im Auge, dankbar für ihren Einsatz.

Die Freunde des Cetrellatals haben das Haus mit ungeheurem Enthusiasmus wiederaufgebaut, eingefriedet, den Garten gestaltet und daraus wieder die Casa Mackenzie gemacht – und damit obendrein das wohl einsamste Museum Italiens geschaffen, das nur nach Verabredung mit den Amici zu besichtigen ist.

Bevor es Abend wird, gehe ich den Weg noch wenige Hundert Meter weiter zur Einsiedelei von Santa Maria di Cetrella. Das Kirchlein diente einst Franziskanern und Dominikanern als Gebetsstätte. Im Inneren gibt es ein winziges Fenster, das direkt auf das Meer hinausführt – eine Aussicht, die auch schönste Glasmosaike mit Leichtigkeit ersetzt.

Bis hierher ging Rainer Maria Rilke und ließ sich zu seiner Ode an Santa Maria inspirieren. Bis hierher sollte jeder gehen, der Capris ganzem Zauber erliegen möchte. Auf der Bank nahe der kleinen Kirche zwischen Wolken und Himmel dehnt sich die Stunde zum erhofften Urlaub von der Alltäglichkeit. Hier zu sitzen gehört zum Schönsten, was Capri zu bieten hat.

Hierher lese ich mich von daheim auf die Insel zurück und halte die Erholung, aber auch die Sehnsucht lebendig. Mit jeder Seite aus einem Buch über Capri verspreche ich mir: Ich komme wieder.

Capri füllt Ihren Erinnerungskoffer mit …

- … einem Abend auf der Piazzetta, im Schatten des Uhrturms, um die Welt an sich vorbeiflanieren zu lassen und dabei von ihr auszuruhen,
- … einer Pilgerwanderung zur Einsiedelei Santa Maria a Cetrella, am besten mit Gottesdienst in der kleinen Kapelle,

… einem Besuch des kleinsten und einsamsten Museums Italiens, der Casa Mackenzie,
… dem Genuss eines Glas kühlen Weines mit Blick auf die Felsen der Faraglioni, ganz gleich wo, aber gerne auf einem Boot in der Nähe dümpelnd oder vom ruhigen Belvedere Cannone aus, der seinem Beinamen »Malerplatte« mit jeder Änderung des Lichts ganz von selbst erklärt,
… mindestens einer Nacht auf Capri, um durch den Wandel des geschäftigen Tages in eine zauberhafte Nacht selbst verwandelt zu werden.

Geschmackvolle Souvenirs:

✓ Limoncello, eisgekühlt, vorzugsweise an einem Ort getrunken, der ihn selbst herstellt, und dabei zusehen dürfen, damit man es zu Hause »nachkochen« kann
✓ Zitroneneis, Zitronenmousse, Zitronentee, Zitronenlimonade zum Tanken der Farbe und des Geruchs
✓ Parfüms aus dem Hause Carthusia, das die Düfte Capris in Flakons einfängt und daheim Erinnerungen an wilde Nelke, Rosmarin und Zitronen weckt

Vor dem Ein- oder nach dem Ausschiffen zu lesen:

Claretta Cerio: *Chrysanthemen auf Capri.* Wer die Nachsaison auf Capri erleben will, treffe sich mit dem abergläubischen Polizeikommissar Vittorio Fusco und begleite ihn bei seinen Mordermittlungen zwischen den Inselbewohnern und den langjährigen ausländischen Besuchern. Wer mehr über die Kindheit der Autorin auf der Insel lernen möchte, erfährt das in *Mein Capri* auf anrührende und immer interessante Weise.

Neben der bereits genannten Autorin muss auch der Niederländer Harry Mulisch von Capri bezaubert gewesen sein, als er mit Witz, Leichtigkeit und betörender Weisheit seinen achtzehnjährigen Protagonisten schuf, der versucht, eine reiche alte Dame an ihre tatsächlich gelebten Träume zu erinnern und so zu ihrem *Augenstern* wird. Im Sommer des Jahres 1945 verliebt sich der junge Mann in all das, was Capri und diese Frau verkörpern, und erkennt ihr Inneres, unabhängig ihres Alters, als etwas ewig Junges, Frisches, Zeitloses an.

Wer lieber Filme schaut, kann durch Jean-Luc Godards Kultfilm *Die Verachtung* das Haus des exzentrischen Schriftstellers Curzio Malaparte betreten und begreifen, wie zeitlos Moderne wirken kann.

Roger Peyrefitte rechnete in seinen Büchern immer wieder mit der Verlogenheit der Gesellschaft ab. Selbst als Homosexueller wegen Verstoßes gegen die guten Sitten aus dem diplomatischen Dienst entlassen, verstand er die Leiden eines Jacques d'Adelswärd-Fersen wie kaum ein anderer und schrieb deshalb mit *Exil in Capri* eine Romanbiografie über den traurigen jungen Baron.

Auch Rainer Maria Rilke sei nicht vergessen, der mit seinem Gedicht *Die Insel der Sirenen* daran erinnert, dass Capri schon Odysseus bezirzt und zu sich gerufen haben soll … »wie umringt / von der Stille, die die ganze Weite / in sich hat und an die Ohren weht, / so als wäre ihre andre Seite / der Gesang, dem keiner widersteht«.

Die Insel des Großen Bruders
Jura

SUND VON JURA, ARGYLL, SCHOTTLAND, VEREINIGTES KÖNIGREICH

Es gibt einen Satz, den Menschen in aller Welt kennen. Er ruft auch bei denen Kopfnicken hervor, die keine klare Vorstellung haben, woher er stammt. Der Satz ist kurz und einprägsam: »Big Brother is watching you.« Der große Bruder beobachtet dich. Er stammt aus der Feder von George Orwell, und man kann ihn sich in seiner Dystopie *1984* von ihm auslegen lassen. Wen dieser Roman so nachhaltig beeindruckt wie mich und wer sich fragt, wo der Autor genug Ruhe für seinen visionären Text fand, kann eine Pilgerfahrt an den Ort unternehmen, an dem dieses Meisterwerk niedergeschrieben wurde. Die Reise geht nach Jura, einer Insel von überwältigender Schönheit, unglaublicher Anziehungskraft und tiefem Gemeinschaftssinn.

Jura ist meine Seelentankstelle.

Ich werde schon im malerischen Hafen von Tayvallich, von dem zweimal am Tag die Passagierfähre nach Jura abgeht, in einen Wohlfühlmodus geschaltet. Ich komme stets früh genug, um vor Abfahrt im Café am Anleger einen Tee zu trinken, einen Spaziergang entlang der Bucht zu machen oder von einer Bank aus aufs Wasser zu schauen. Bereit für eine Welt ohne Hektik und Lärm.

Wenn das Passagierboot, gesteuert von Nicol, um die Landzunge biegt und in die Bucht einfährt, habe ich die Großstadtlaunen hinter mir gelassen.

Der stattdessen einsetzende Optimismus geriet nicht einmal in Gefahr, als ich mit einer Reisegruppe auf die Insel übersetzen wollte, deren Buchung dem Skipper dummerweise unbekannt war. Bei einer Kapazität von nur zwölf Passagieren und ein paar ebenfalls auf die Überfahrt wartenden Engländern, die einen Tagesausflug zur Whiskybrennerei geplant hatten, war klar: Irgendjemand musste bereit sein zu warten, bis Nicol die erste Fuhre auf Jura abgeliefert hatte und den Rest außerplanmäßig holte.

Die glückliche zweite Gruppe wurde für zwei Stunden Warten reich belohnt. Es gab auf der Überfahrt nicht nur wärmenden Inselwhisky, sondern auch eine Minikreuzfahrt durch Loch Sween und die unbewohnten Inseln, die so herrlich unaussprechliche Namen tragen wie Corr Eilean, Eilean Ghamhna, Eilean Puirt Lèthe und Eilean nan Leac. Wir durften auf der geschichtsträchtigen Eilean Mòr anlanden, auf der Freunde der Insel zusammen mit Historic Environment Scotland die Ruinen einer keltisch-christlichen Kapelle aus dem 13. Jahrhundert zu erhalten versuchen, und durch ein eigenes Museum die historische Bedeutung dieses Ortes dokumentieren. Das Eiland beeindruckt mit reich verzierten keltischen Steinen und Kreuzen, eines davon benannt nach St. Cormac, dem auch eine unterirdische Mönchszelle zugeschrieben wird, durch die man tief in den Bauch der Insel einsteigen kann.

Mit diesem Erlebnis als Entschädigung wäre meine Gruppe bereits zufrieden gewesen. Nicol fuhr uns aber noch direkt vor das Skervuile Lighthouse, dem wohl schönsten Leuchtturm Schottlands, der auf einem winzigen Felsen mitten in den Wassern des Sound of Jura thront. Wir dümpelten so lange vor dem schneeweißen Leuchtfeuer, bis es sich passgenau in der Senke zwischen den beiden Bergen der Insel, den Paps of Jura, befand. Mit dem grünen Gürtel der Insel, den braunen Heidehügeln im Hintergrund und dem sich ineinander spiegelnden Blau des Wassers und des Himmels konnten wir mühelos ein besonderes Kalenderblattmotiv auf Platte bannen.

Vom Leuchtturm aus umfuhren wir die Small Isles, um die Robbenbänke zu sehen, und dann mitten hinein in die Bucht, an der Craighouse, der Hauptort der Insel, liegt. Vom Wasser aus hat man die lebenswichtigen Einrichtungen der Insel sofort im Blick: den Anleger, das Dorfgemeinschaftshaus, den einzigen Lebensmittelladen, das *Jura Hotel* und die Whiskybrennerei.

Nach der Ankunft stapfe ich – mit oder ohne Gruppe – immer zuerst zum Inselhotel hinauf, das von einer Crew geführt wird, die gelassenen, fröhlichen Service mit Können kombiniert und damit jedem Fünfsternehotel den Rang ablaufen könnte. Wer hier übernachtet, bucht Fürsorge und erstklassiges Essen, bezahlt dafür aber mit dem Wunsch, immer wiederkommen zu wollen. Schicksal, das man in knappen Worten zusammenfassen kann: Es gibt Urlaub. Und es gibt Jura.

Das begriff ich bei meinem Antrittsbesuch auf der Insel, gleich am Abend des ersten Tages. Die Diurachs, wie die Bewohner der Insel sich selbst nennen, trafen sich im Dorfgemeinschaftshaus zur Theatervorstellung eines Ensembles, das mit *Whisky Galore* über die Hebriden tourte. Der Roman zu diesem Theaterstück wurde von Compton Mackenzie geschrieben, dessen einsames Haus in den Bergen Capris ich regelmäßig besuche und das zu den Büchern gehört, die ich in regelmäßigen Abständen lese, um mir gute Laune zu verschaffen. Es erzählt vom Untergang eines Schiffes voller Whiskyflaschen vor einer Hebrideninsel, dessen Cargo von den Bewohnern gerettet und vor den Behörden versteckt wird. Die Geschichte kennt jeder in Schottland, da ihr eine wahre Begebenheit zugrunde liegt. Kein Zweifel, diese Aufführung musste ich sehen. Wann bietet sich schon einmal die Gelegenheit, schottische Legende in ihrem natürlichen Habitat zu erleben?

Wenn es zutrifft, dass zu diesem Zeitpunkt 192 Einwohner auf Jura lebten, dann waren an diesem Abend mindestens die Hälfte davon plus eine Touristin anwesend. Eine provisorische Bar war aufgebaut worden, die von Dorfbewohnern für Dorfbewohner betrieben wurde. Der gemeinschaftlich verbrachte Abend war mindestens ebenso wichtig wie die äußerst gelungene Vorstellung und die Gespräche über die Urlaubspläne für den Winter, die Schwierigkeiten, ausreichende staatliche Gelder für den Unterhalt der Passagierfähre nach Tayvallich zu bekommen, und die stets gegenwärtige Frage, ob ein von England unabhängiges Schottland nicht *better off* wäre.

Ich bekam keine Zeit, mich zum Mauerblümchen zu entwickeln, sondern wurde aktiv mit in die Unterhaltungen einbezogen. Ich trank Sekt mit Sarah, Whisky mit Peter, Tee mit Joan. Vor der Vorstellung, in der Pause, nach dem Ende. Als sich dann alles ins Pub verlagerte, sang ich Stunden mit den Diurachs zu Gitarre und Schifferklavier und lernte dabei das alte, immer neue Lied über Offenheit und Wohlwollen, aus denen Freundschaften entstehen.

Sommernächte sind kurz auf Jura, nicht nur wegen des Pubs, sondern auch wegen seiner geografischen Lage. Als ich in mein Zimmer hinaufging, stand ein voller Mond über dem Hotel, aber im Osten regte sich schon der erste

Morgengruß. Der Hafen und die Segelboote in der Bucht, die vorgelagerten Inseln und das Dorf selbst wurden jede Minute in eine andere Farbe getaucht. Rot, Gelb, Violett herrschten vor, aber ich sah auch Blaugrau, Stahlblau und Ultramarin, bis sich der Tag gegen die Nacht durchsetzte. Wenn ich je Zweifel gehegt hatte, ob mir Jura gefallen würde, dann hatte er sich mit diesem zweiten Schauspiel des Tages gelegt.

Um auch meiner Reisegruppe Jura direkt unter die Haut zu spritzen, buchte ich für sie eine Inselerkundung bei Alex. Wer sich Alex anvertraut, weiß nach dem Ausflug, wo es sich lohnt, ein zweites, ein drittes Mal und immer wieder hinzugehen. Seine Sightseeingtour beginnt an den großen Palmen in der Nähe des Hotels, die Jura-Frischlinge über die Klimaverhältnisse der Insel staunen lässt, und führt immer Richtung nördliche Spitze der Insel. Fast alle Häuser Juras liegen direkt an dieser Straße, die einspurig die Insel durchmisst und sich bestens mit Hügeln, engen Kurven und plötzlichen Begegnungen mit Rotwild auskennt.

An dieser Straße befindet sich auch die kleine Kirche aus dem Jahre 1777, die stets für Besucher offen gehalten wird. Im ersten Stock wurde ein Raum eingerichtet, der die letzten 100 Jahre Juras fotodokumentarisch belegt. Alex kennt die Geschichte hinter jedem Bild, antwortet auf jede Frage auf eine Weise, die immer weiter in die Welt der Diurachs hineinzieht.

Ich wäre gerne Archie Black begegnet, der bis kurz vor seinem Tode sein Land nach alter Weise der Highlands bearbeitete und dessen meterhohe traditionelle Heuhaufen, der obere Teil bedeckt mit einem weißen Tuch, eine Attraktion für die Touristen darstellte.

Kate Buie wurde von den Diurachs *Stramash* genannt, was in Schottland so etwas wie »Spektakel« oder »Durcheinander« bedeutet. Ihr wurde ein kämpferischer und unabhängiger Geist nachgesagt, aber auch die Gabe, überall Verwirrung zu stiften. Auf einem Foto aus den 1930er-Jahren sitzt sie auf der Wiese vor einem Farmhaus, in Tweedhosen, langem Jackett und mit einem Topfhut auf dem Kopf, den ein paar Blumen schmücken, aus denen ein Vogel herauslugt wie aus einer Kuckucksuhr. Das verschmitzte, wissende Lächeln im Gesicht lässt ahnen, dass sie ihren Spitznamen als Auszeichnung empfand – und ihn bewusst akzeptierte, weil so niemand auf die Idee kam, ihr die Butter vom Brot zu nehmen.

Nicht weit von der Kirche, in einem von drei Seiten geschützten Tal, liegt am Fuße der Hügel, der Friedhof von Kilearnadail, der mit jedem Grabstein von bewegter Vergangenheit erzählt. Einige Gräber werden Tempelrittern zugeschrieben, die irgendwann im 14. Jahrhundert hier angekommen sein müssen. Ich hätte gerne ihre Namen gekannt, um daran abzulesen, woher sie stammten und welches Schicksal sie herbrachte, aber die Steine zeigen allein tief eingravierte Schwerter oder ein verwaschenes Tatzenkreuz.

Mehr als einen historischen Roman könnte man über das lange Leben Gillouir MacCrains schreiben. Er ist der älteste, hier beerdigte Mitbürger und hat laut seines Grabsteins »einhundertachtzig Weihnachten in seinem eigenen Haus erlebt. Er starb um 1645«. Wem das Alter etwas üppig erscheint, dem sei entgegengehalten, dass die Familie MacCrain offenbar mit eiserner Gesundheit gesegnet war, denn eine Nachfahrin namens Mary ruht zwar auf einem anderen Friedhof, brachte es aber immerhin auf 128 Lenze.

Wem das Wetter hold ist, für den ist die nächste Station der Strand von Corran Sands: 1500 Meter lang, breit und feinsandig. Die Diurachs haben an geschichtsträchtigen Stellen Tafeln aufgestellt, die Besucher über wichtige Ereignisse der Insel aufklären. An dieser Stelle schifften sich Juras Auswanderer ein, um, der Hoffnung nach besserem Leben folgend, vor allem in North Carolina zu siedeln. Jessie Scott verließ 1871 ihre heimatliche Farm und fasste ihren Abschiedsschmerz in ein Gedicht. An dieser Stelle *muss* man Alex dabei haben, um dem feinen Timbre seiner Stimme und dem sympathischen Singsang schottischen Englischs lauschen zu können, wenn er die Geschichte des Mädchens erzählt, das – wie der Zufall es will – von derselben Farm stammte, auf der George Orwell später sein *1984* schrieb. Zwei Zeilen aus *Farewell to Jura* zeigen an, was, damals wie heute, das Besondere der Insel ausmacht: »… friendship glows in every breast, The stranger is a welcome guest – at every hearth in Jura.« Meine Gruppe konnte sich beim Zuhören gut vorstellen, wie schwer es Jessie gefallen sein muss, durch ihre Auswanderung auf die »glühende Freundschaft in jeder Brust« verzichten zu müssen. Wir »Fremden« konnten bestätigen, dass sie nicht übertrieb und man tatsächlich »als Gast an jedem Herd Juras willkommen ist«. Ein Kloß im Hals war ein spürbares Zeichen des Jura-Infekts, mit dem wir uns infiziert hatten.

Am Strand hat man für die Verhältnisse Juras richtig viel Gesellschaft. Es findet sich immer die eine oder andere Familie, die Muscheln sucht oder Kinder, die im Sand buddeln. Weiter gen Norden wird es einsamer, der Blick auf die Hügel grandioser. Ab und an lässt sich Rotwild sehen, das zu wissen scheint, wie malerisch es sich vor der Kulisse aus Bergen, Bächen und Seen ausmacht. Wenn ein verlassenes Gehöft einen Hauch Melancholie dazugibt, verstehe ich Jessies Gedicht noch besser und fühle mich wie in einer lebendigen Postkarte, die ich mir selber schicke, damit meine Erinnerung daheim sie mir immer wieder vorliest.

Ganz am Ende der öffentlichen Straße, dort, wo es über Stock und Stein und vier Meilen Privatstraße weiter bis zu George Orwells Barnhill geht, führt eine Stichstraße zur Lussa Bay, einer von sanften Hügeln perfekt umschlossenen Bucht. Weniger als eine Handvoll Häuser, komplettiert von einer der selten gewordenen roten Telefonzellen, liegen gegenüber eines lichten Waldes, der durch eine Liegewiese und den River Lussa voneinander getrennt sind. Hier kann man im Gras liegen, dem Plätschern des Baches zuhören und langsam wegdriften in Sommerschlaf. Bis es Zeit ist für ein Picknick. Leider hatte ich selbst nicht daran gedacht, mich dafür zu rüsten, und vom einzigen Laden der Insel war ich hier mehr als 25 Kilometer entfernt. Ich schielte neidisch zu einer Familie hinüber, die es sich auf einer Decke mit Thermoskanne, Schokoladenkuchen, Scones und Sandwiches gemütlich gemacht hatte. Meine begehrlichen Blicke waren zu eindringlich, als dass sie hätten übersehen werden können.

»Sie hätten gerne Tee?«, wurde ich gefragt. Zu diesem Zeitpunkt war ich so durstig, dass ich den notfalls auch aus der hohlen Hand geschlürft hätte, deshalb nickte ich heftig.

»Bestellen Sie sich was«, sagte mein Retter und zeigte zu einem unscheinbaren Holztisch hinüber, auf dem eine weiße Plastikdose stand und an dem ein selbst gemaltes Schild himmlisches verkündete: *Tea on the Beach.* In der Plastikdose fand sich ein Walkie-Talkie und die Anweisung, wie es zu bedienen sei. Auf meinem vorsichtigen Versuch hin, eine Verbindung herzustellen, meldete sich schnarrend und knisternd eine Frauenstimme und fragte nach meinen Wünschen.

»Alles, was sie haben«, sagte ich, viel zu verdattert, als dass ich nach dem Angebot hätte fragen können. »Und dazu *Tea for Two*.«

Minuten später trat Rotkäppchen aus dem Wald, mit einem Henkelkorb voll selbst gebackener Köstlichkeiten, die so unverzeihlich lecker schmeckten, dass sie mir eine weitere Ich-komme-zurück-Ladung verpassten. Mittlerweile ist das Open-Air-Café der Lussa Bay so beliebt, dass ein Pferdehänger auf der Wiese steht, der in seinem Inneren Thermoskannen voller Tee und selbst gebackenen Kuchen bereithält – Bezahlung noch immer auf Spendenbasis.

Hier, gut versorgt in der Sonne dösend, nahm auch der Plan Gestalt an, das Ende der Straße nicht das Ende meiner Jura-Erkundungen gewesen sein zu lassen, sondern die Insel einmal ganz mit dem Boot zu umrunden.

Jura hat nicht nur zu Lande, sondern auch zu Wasser mehr Aufregendes zu bieten als manch andere Insel Schottlands. Genau deshalb wollte ich meinen Plan mit einem Skipper in die Tat umsetzen, dem ich mich auch für tückische Meeresströmungen anvertrauen konnte, und kontaktierte Sandy von Venture West. Sein Boot ist, ebenso wie Nicols Fähre, ein sturmsicheres, rettungstaugliches Passagierboot. Während Alex eine Geschichte zu jedem Straßenkilometer kennt, hatten Nicol und Sandy schon jede Welle unter ihrem Bug und wissen mit ihr umzugehen.

Vom Wasser aus kann man die Berge besser sehen als an ihrem Fuße, von hier aus wirkt das Geisterdorf Glengarrisdale noch immer einladend und die berühmten *raised beaches* noch markanter. Diese beeindruckenden geologischen Formationen liegen oft viele, viele Meter über dem Wasser wie auf einer Anhöhe und geben so Zeugnis von der Veränderung des Meeresspiegels.

Die größte Attraktion, die man mit dem Boot erreichen kann, ist der Corryvreckan. In der gleichnamigen Meerenge zwischen der Nordspitze Juras und der kleinen Insel Scarba schenkt einer der größten Strudel der Erde bei entsprechender Tide und Wetter jedem, der ihn befährt, ein einmaliges Erlebnis. Die Wasser aus dem Jura-Sund drängen bei einsetzender Flut durch die enge Straße von Corryvreckan und entwickeln durch den entstehenden Stau eine starke Strömung, die bis zu fünfzehn Stundenkilometer betragen kann. Da vom Meeresboden aus eine 170 Meter hohe Felsnadel aufragt, die nur knapp 30 Meter unter der Wasseroberfläche endet, kommt es um diese natürliche Pyramide herum zu starken Verwirbelungen, die besonders bei Springfluten weithin hörbare, unheimliche Geräusche verursacht. Eine Durchfahrt lohnt sich auch zu allen anderen Zeiten, gefällt mir aber besonders bei regnerischem Wetter, wenn der Wind die Schaumkronen tanzen lässt und der Whirlpool schäumt.

Mitten im Strudel stellte Sandy den Motor ab, und für einen kurzen Moment standen wir still und hörten nur das Kreischen der Möwen, den Wind und das Gurgeln des Wassers. Dann begann das Boot, sich durch die Kraft des Corryvreckan zu drehen, schneller, immer schneller und schneller. Als es auch noch in der Gegenströmung zu rollen begann, hob ich die Hand. Noch ruppiger und ich würde einen steifen Whisky brauchen – oder mich über die Reling beugen müssen. Wenn heftiger Westwind sich gegen die auslaufende Flut stemmt und die Wellen sich viele Meter hoch auftürmen, würde ich es vorziehen, dem gigantischen Drehteller vom Ufer aus zuzuschauen: Energie direkt aus der Hexenküche.

Ich wusste, dass Orwell mit seinem kleinen Sohn und zwei jugendlichen Verwandten auf dem Heimweg kurz vor dem Corryvreckan mit einem Ruderboot gekentert war und sich auf einen winzigen, aus dem Wasser ragenden Felsen rettete. Auch wenn alle einige Stunden später von einem Fischer gesichtet und in Sicherheit gebracht worden waren, wagte ich mir in diesen tobenden, schäumenden, miteinander kämpfenden Wassermassen diese Situation nicht weiter auszumalen.

Sandy und Nicol gönnten ihren Passagieren und den Booten eine Verschnaufpause, indem wir ein Stück in den Atlantik hinein Richtung der Insel Colonsay fuhren. Seltsam, wie ruhig das Wasser dalag, sobald wir uns außerhalb der Meerenge befanden. Dann wendeten wir und fuhren auf den nächsten engen Seekanal zu, diesmal zwischen den Inseln Lunga und Scarba, dem berühmt-berüchtigten The Grey Dog, dem Gezeitenstrom, der bei Flut an der engsten Stelle um die acht Knoten beziehungsweise fünfzehn Stundenkilometer erreicht. Die Wellenreihe mit ihrer Schaumkrone auf das Boot zurollen zu sehen gab mir das Gefühl, mit dem Boot zu surfen – und ich war zum zweiten Mal an diesem Tag froh, in einem sicheren Boot mit einem erfahrenen Skipper unterwegs zu sein.

Ganz gleich ob zu Wasser oder zu Lande, die Insel Jura hat sich ihre Wildnis und Ursprünglichkeit erhalten und wirkt doch überall beruhigend und zugewandt. Das liegt auch am Sonderbotschafter der Insel: Elvis, dem Dorfkater. Elvis ist eine Schmuseschönheit. Durch das Streicheln vieler

Hände glänzt das grau-weiße Fell, als würde er einen Hermelinmantel tragen. Allgegenwärtig streicht er um die Picknicktische auf dem Vorplatz des Hotels, inspiziert die Zelte auf den Wiesen unterhalb des Hotels und begleitet die Whiskyliebhaber bis zum Eingang der Destillerie. Ich habe gestandene Motorradfahrer, die über die Autofähre von der Whiskyinsel Islay nach Jura herübergekommen waren, Elvis seligen Blicks mit frischem Lachs füttern sehen, damit er nicht zum Nebentisch abwanderte, an dem mit absichtlich importierten Katzensnacks gelockt wurde. Ich packe vor Abreise frische Katzenminze in meinen Koffer und erwarte immer, dass die Drogenspürhunde am Flughafen anschlagen, weil ihnen der Geruch in die Nase steigt. Aber ohne dieses Lockmittel will ich nicht fahren, denn mit Elvis gemeinsam von den Picknicktischen aus aufs Meer zu schauen, einen kühlen Cider im Glas, ist pure Entspannung und schützt nachhaltig vor Unterkuschelung. Wem Elvis auf den Schoß springt, der steht so schnell nicht wieder auf.

Jura ist zu jeder Jahreszeit einladend, und ich nahm diese Einladung in den letzten Jahren immer wieder an. Ich kam so oft wieder, bis mir nur noch eine einzige Sehenswürdigkeit der Insel fehlte, die in privater Hand ist und nicht besichtigt werden kann: das Haus, in dem George Orwell sein *1984* schrieb. Diese Lücke in meinem Jura-Lebenslauf besprach ich mit Sandy, als ich mit ihm auf seinem Boot unterhalb des berühmten Hauses entlangfuhr. Sandy zog die Stirn kraus und sagte, als wäre es das Natürlichste der Welt: »That can be arranged.« Die Orwell Society hatte ihn mehrmals für Fährdienste zum Festland oder zum kleinen Anleger in der Nähe Barnhills gebucht, und er wusste somit, an wen ich mich wenden könnte, um meine Möglichkeiten auszuloten, das geschichtsträchtige Farmhaus zu besichtigen. Schon ein Jahr später stand ich wieder auf seinem Boot, aber dieses Mal brauchte ich nicht vorbeizufahren, sondern durfte zusammen mit Orwells Sohn und Mitgliedern der Society das einsame Haus besuchen.

Orwell bezeichnete Barnhill als »extremely unget-at-able«, einen »äußerst unkommhinbaren Ort«. Das war so im Frühjahr des Jahres 1946, als er den Hof mietete, und ist bis heute so geblieben. Es ist ein typisch schottisches Farmhaus mit weiß getünchten Wänden und dunklem Schieferdach und ruht in sich selbst am äußersten, nördlichen Zipfel des lang gestreckten Eilandes. In dieser Zurückgezogenheit, in der nur selten Besucher vorbeischauten, beschrieb Orwell, wie er sich eine Welt vorstellte, in der Menschen in jeder Minute ihres Lebens unter Beobachtung stehen, der Einzelne keine Chance mehr hat auf Geheimnisse und heilsame Privatsphäre. Seine Vision vom gänzlich überwachten Bürger hat sich in unserer Zeit zum gelebten Tagesgeschäft entwickelt. Die Wände persönlicher Bereiche sind gläsern geworden und so dünn, dass sie zu bersten drohen. Die Preisgabe unserer Persönlichkeit findet sich in Tausenden von Splittern im wirtschaftlichen Fleisch multinationaler Konzerne wieder. Der Mensch ist Handelsmasse geworden – und akzeptiert dies aus Bequemlichkeit häufig ohne Murren. Der große Bruder kann seine Folterwerkzeuge getrost in den Schuppen stellen: Wir legen durch Facebook, Twitter, Snapchat, GPS & Co. unser tägliches Smartphone-Leben ganz freiwillig auf seine Goldwaage.

1984 spielt nicht auf Jura, gab George Orwell aber nach Kriegserlebnissen, lebensgefährlicher Verwundung und persönlichen Tragödien die Ruhe zu arbeiten, Weltbewegtes und Weltbewegendes zu schaffen.

Er gab dem Buch zunächst den Arbeitstitel *The last Man in Europe*, änderte ihn dann aber. Es wurde oft vermutet, dass der heutige Titel durch die Umkehrung der letzten beiden Zahlen des Jahres zustande kam, in denen das Buch geschrieben wurde: 1948. Erst durch seinen Sohn Richard Blair und die unfasslich hilfsbereite Orwell Society hörte ich, dass der Titel vielmehr eine Hommage an seine verstorbene Frau Eileen O'Shaughnessy gewesen sein soll, die ein endzeitliches Gedicht mit der Überschrift *End of the Century, 1984*, veröffentlicht hatte.

Eileen und George unterstützten sich ihr gesamtes gemeinsames Leben, selbst im Spanischen Bürgerkrieg. Nach Jura konnte sie nicht mehr mit ihm ziehen. Sie starb überraschend während einer Operation, wahrscheinlich an der Narkose, und ließ ihren Mann mit dem Sohn allein zurück. Die beiden hatten den kleinen Richard erst wenige Monate zuvor adoptiert, und es gab im freundschaftlich-familiären Umfeld nicht wenige, die vorschlugen, das Kind nun »zurückzugeben«, zumal es mit Orwells Lunge nicht zum Besten stand und später Tuberkulose diagnostiziert wurde. Aber Orwell zog stattdessen nach Jura, beackerte seinen eigenen Gemüsegarten, schrieb wie besessen an seinen Texten und wurde alleinerziehender Vater an einem Ort, an dem die beiden 24 Stunden am Tag ungestört zusammen sein konnten. Ich sprach mit Richard Blair darüber, ob sein Vater die frische Luft auf Jura eher gutgetan hat oder ob sie zu feucht für seine Lungen gewesen war und seine Krankheit verschlimmerte.

»Möglich ist beides. Keiner kann das genau wissen. In jedem Fall rauchte er weiter«, räumte Richard Blair ein.

»Der Zusammenhang zwischen Rauchen und Atemwegserkrankungen war noch nicht allgemein bekannt. Mein Vater hat seine Zigaretten wie einen Motor für sein Schreiben benutzt.«

Und dieser Motor lief unentwegt. Wenn er die Veröffentlichung von *1984* noch erleben wollte, dann musste er sich beeilen, nichts anderes durfte ihn von seiner Schreibmaschine ablenken als der Blick aus dem Fenster seines Schlafzimmers, der über seinen Garten, die Wiesen davor und den Sund von Jura bis hin zum Festland reichte. Orwell ließ seinen Sohn erst völlig in der Obhut seiner jüngeren Schwester Avril, als er die Arbeit an *1984* zu seiner Zufriedenheit vollendet hatte und sich aus seiner Einsiedelei verabschieden musste, um ins Krankenhaus zu gehen.

Diese biografischen Fakten kannte ich aus mehr oder minder trockenen Biografien, aus Artikeln, die die Tragik dieser Ereignisse nur erahnen lassen. Sie wurden plastischer und mit Emotionen untermauert, als ich an einem sommerlich warmen Junitag im Garten von Barnhill saß und Richard Blair von und über seinen Vater erzählen hörte. »Er musste abwägen, ob er mich noch in den Arm nehmen darf oder damit die Gefahr einer Ansteckung heraufbeschwört. Aber er hat versucht, immer da zu sein, im Zimmer neben mir geschlafen. Ich konnte hier völlig ohne Ängste aufwachsen.«

Er hatte nicht einmal Angst, als er, sein Vater, sein Cousin und seine Cousine am Corryvreckan kenterten, er unter das Ruderboot geriet und gerettet werden musste. »Ich habe das Ganze für ein Spiel gehalten. Zumal mein Vater keine große Sache daraus machte und auch zu Hause dem auf uns wartenden Besuch nur knapp mitteilte, dass wir uns verspätet hätten, weil das Boot verloren ging.«

Aber es hätte auch schiefgehen können. Richard Blair nickte: »Ja, da war es nah dran, dass ich heute nicht hier sitzen würde – und es niemals ein *1984* gegeben hätte.« Von frühester Kindheit an mit dem Tod konfrontiert, hatte Richard feste Vorstellungen davon, was mit ihm nach seinem Ableben passieren sollte. »Jura ist meine geistige Heimat, hier war ich frei und glücklich. Ich wünsche mir, dass meine Asche im Golf von Corryvreckan verstreut wird. Da gehört sie hin. Das Recht hat er sich damals schon verdient.«

Während mir intensiver Geruch von Heu in die Nase stieg und eine warme Brise vom Meer her eine Prise Salz daraufstreute, las Richard Blair aus Briefen seines Vaters vor, in denen er Freunden und Bekannten sein Leben auf Jura beschrieb. In einem Brief vom April 1947 an Sonia Bronwell, seine spätere zweite Frau, informierte er über seine Arbeiten im Garten: »Ich ringe immer noch mit einer mehr oder weniger unbewirtschafteten Wiese, aber ich glaube, nächstes Jahr werde ich hier einen recht hübschen Garten haben. Natürlich war es für uns alle hier ein Albtraum, die Dinge zu richten – und Richard wollte nur zu gerne helfen …« Er berichtete auch, dass das Haus anfing, zivilisiert auszusehen, und versprach dann sich selbst ebenso wie seiner Leserin: »Ich denke, in einer Woche wird alles erledigt sein. Der Garten ist dann praktisch fertig, und ich kann mich richtig an die Arbeit setzen …« Es klang, als wäre die Anlage eines neuen Gartens gegenüber der Aufgabe, einen neuen Roman vorzulegen, keine Mühsal gewesen.

Ich hörte aufmerksam zu und sah dabei zu dem Zimmer im ersten Stock hinauf, auf dessen Fensterbrett bis heute eine uralte mechanische Schreibmaschine steht. Ganz so, als würde sie darauf warten, wieder in Betrieb genommen zu werden. Und ich wünschte mir, das Schicksal hätte Orwell – und damit uns allen – die Chance gegeben, seinen Sohn und sein Buch erwachsen werden zu sehen. Je mehr ich an diesem Tag über den Menschen Eric Arthur Blair alias George Orwell lernte, desto mehr eröffnete sich mir, welche innere Größe, welche Energie, welche Leidenschaft ihn als Schriftsteller und als Menschen angetrieben haben muss.

Obwohl zu diesem Zeitpunkt 70 Jahre vergangen waren, seit Orwell die letzte Seite seines Manuskriptes schrieb, hatte sich an dem Ort, der geholfen hatte, den Grundstein seines Weltruhms zu legen, kaum etwas geändert: In Barnhill steht die Zeit still. Die große weite Welt ist da, aber nicht hier. Zu hören ist das Summen von Bienen und das Rauschen des Windes. Im Winter trommelt der Regen aufs Dach, oder Schnee fegt über das Haus hinweg in Richtung Festland. Ich verstand ohne Einschränkung, warum Orwell diese Einsamkeit nicht als Isolation, sondern als Konzentration auf das Wesentliche empfand.

Dieses Gefühl ist die Quintessenz der gesamten Insel Jura, die nicht nur hier, sondern auf jedem Quadratmeter Ruhe, Gelassenheit und klares, echtes Leben zu ihrem Lebenszweck erhebt.

Jura verdanke ich das Gefühl von Heimat in der Fremde und den Büchern von George Orwell die Stärkung meines Rückgrats, ebenso wie die Gewissheit, dass Schwäche und Angst so menschlich sind, dass sie mich trotzdem ohne Scham überfallen dürfen.

Für mich ist Jura der Insel-Edelstein in der literarischen Krone, der auch allein für sich leuchtet. Gute Wahl, Mister Orwell. Die Beste. Für mich.

Jura füllt Ihren Erinnerungskoffer mit ...

... einem Lächeln über die wunderbar kalorienreiche Idee, ein Open-Air-Rotkäppchen-Café anzubieten; *High Tea* im wahrsten Sinne des Wortes,

... der Gänsehaut nach einer Fahrt durch den tosenden Corryvreckan, bei dem sich das Entscheidende zwar unter Wasser abspielt, aber das Ergebnis dieses Spiels eine eindrucksvolle Demonstration kraftvoller Natur ist,

... dem Gemeinschaftsgeist, den man auch zu Hause gerne leben würde.

... der Erkenntnis, dass Einsamkeit und Zurückgezogenheit keine Synonyme sind.

Geschmackvolle Souvenirs:

✓ Single Malt Whisky mit dem Namen der Insel und einem torfigen Hinweis auf ihren Charakter in der Nase, der Entsprechung ihrer menschlichen Wärme im Mund und dem Wunsch, immer wieder herzukommen, im sehnsuchtsvollen Abgang

✓ Wer zu Hause keine eigene Katze hat, kann den Gaumen mit einem Whiskycocktail streicheln, der als Hommage an den Inselkater »Lazy Elvis« heißt und aus Whisky, Ginger Ale und Limette besteht.

✓ ein Erinnerungsstück aus dem kleinen Souvenirladen im *Antlers Tearoom*. Ich verweise da vor allem auf die selbst gestrickten Spültücher, die ein Leben lang zu halten scheinen und beim Abwaschen einer Teetasse die Erinnerung an Jura-Tage zurückbringen.

✓ Wer bedauert, keinen *tea on the beach* mitnehmen zu können, kann den inseleigenen Gin einpacken, der auf den Namen der verträumten Bucht und seines torfbraunen Flusses hört.

Vor dem Ein- oder nach dem Ausschiffen zu lesen:

Wer auf Jura nicht liest, weil die Landschaft ständig zu neuen Entdeckungen einlädt, hat mein vollstes Verständnis. Trotzdem ist ein Tag am Strand oder am Kamin mit ein paar gedruckten Zeilen in der Hand ein Gewinn, besonders wenn sie das Zusammenleben der aufeinander angewiesenen Bewohner einer Hebrideninsel beschreiben und dabei auch noch bestens unterhalten, wie es *Das Whiskyschiff* von Compton Mackenzie vermag.

Dass ich auf George Orwells *1984* bestehe, muss an dieser Stelle nicht noch einmal erwähnt werden – auch wenn man es nicht oft genug sagen kann.

William Boyd hat eine ganze Reihe von Geschichten veröffentlicht, in denen Bethany Mellmoth ihre und unsere Welt erkundet. Die augenzwinkernd-spannende Story *Bethany on Jura* bringt die Orwell-Liebhaberin kurz vor Weihnachten auf die Insel, denn sie hat eine signierte Erstausgabe von *1984* gefunden, die sie den Eigentümern zurückgeben will. Die Pilgerfahrt entwickelt sich jedoch anders als erwartet …

Wer noch nie auf Jura war und eine Entscheidungshilfe braucht, ob er hinfahren sollte, der kann auf Soundcloud den Stimmen einiger Diurachs zuhören, die dort ein orales Archiv eingestellt haben, und – neben anderen – auch Alex lauschen, wie er Jessie Scotts *Farewell to Jura* rezitiert.

Ich weiß, wohin ich gehe ist ein Schwarz-Weiß-Film des genialen Filmemacherduos Michael Powell und Emeric Pressburger aus dem Jahre 1945, in dem eine junge Frau zu ihrem viel älteren Verlobten auf einer Hebrideninsel ziehen möchte, von dem sie sich zwar kein erfülltes, aber ein bequemes Leben verspricht. Um zu ihm zu gelangen, muss sie allerdings durch einen Strudel à la Corryvreckan, der sich aufgrund schlechten Wetters gerade von seiner gefährlichsten Seite zeigt und sie so zwingt, zusammen mit einem jungen Mann auf die Überfahrt zu warten. Der freche, einprägsame Titelsong bestätigt mir meine Entscheidung für einen Urlaub auf Jura jedes Mal aufs Neue: »I know where I am going and I know who's going with me.« Stimmt genau: Ich muss nur kurz fragen und irgendeiner oder -eine, die schon mal mit mir da war, packt sofort den Koffer.

IN AFRIKA

Rodrigues
St. Helena
Robben Island

Île Anti-Stress

Rodrigues

INDISCHER OZEAN, MASKARENEN, MAURITIUS

Rodrigues: In diese Insel verliebte ich mich, als ich sie zum ersten Mal auf der Landkarte sah: Mont Limon, Piment, Baie aux Huîtres, Citronelle, Orange, Mangues, Rivìere Banane …

Ich stellte mir Rodrigues als inselgewordene Verkörperung des Schlaraffenlandes vor: Berge von Limonen, Buchten voll Austern, Flüsse aus Bananenmus, Dörfer, die nach Nelkenpfeffer, Zitronengras, frischen Orangen und Mango duften.

Namen und Orte wie ein üppig gedeckter Tisch.

Ich fuhr nicht hin. Ich wollte mir diesen Traum vom köstlichen Tor zum Paradies bewahren.

Dann lud das Fremdenverkehrsamt von Mauritius zu einem Informationstag nach Travemünde ein, machte bei Rum und Cocktails Appetit auf seine Heimat – und setzte Rodrigues damit unwiderruflich auf meinen Speisezettel. Eine Band des knapp 600 Kilometer von der Hauptinsel entfernten Inseltrabanten lieferte dazu den unvergesslichen Soundtrack. An diesem Abend addierte ich zu meinem geografisch-lukullischen Wissen über Rodrigues die Begeisterung für seine Tänze und Lieder: Sega und Seggae.

Sega ist: Rhythmus, Tradition, Erotik und mitreißende Tanzschritte.

Seggae ist alles das mit einem kräftigen Schuss Politik und der Erinnerung an *Bob Marley's best.*

Beides ist Musik, bei der man nicht stillstehen kann.

20 Jahre nach meiner ersten auf Inselart durchtanzten Nacht wartete ich auf Rodrigues auf den öffentlichen Bus, der mich um sechs Uhr früh vom abgelegenen Mourouk zum Samstagsmarkt in die Hauptstadt Port Mathurin bringen sollte.

Schon lange bevor ich ihn die Steigung zu meiner Haltestelle hinaufschnaufen sah, hörte ich Musik durch die Dämmerung schallen. Unwillkürlich wippte ich in den Knien, schnipste mit den Fingern und stieg voll Erwartung ein, als er hielt.

Im Bus war die Hölle los – beziehungsweise der Himmel. Genauer gesagt der Musikerhimmel.

Ich wurde nicht nur mitgenommen, sondern mitgerissen, hingerissen und süchtig.

Ich quetschte mich in eine freie Bank und genoss den Anblick und die gute Laune eines vielstimmigen Mitfahrerchores. Der Busfahrer ließ den neuesten Hit des Seggaesängers Apka in erstaunlicher Lautstärke durch den Bus hallen – und vom Kleinkind bis zum Greis sangen alle aus voller Kehle mit.

Nach der dritten Wiederholung des Gassenhauers versuchte ich leicht verschämt, aber begeistert, die Melodie mitzusummen, und erntete aufmunternde Blicke. Eine junge Frau namens Irene interpretierte für mich bereitwillig den Kreoltext und seine Bedeutung für die Insel. Je länger der Bus unterwegs war und je voller er wurde, desto ausgelassener wurde die Stimmung. Nicht ein Mitfahrer, der nicht zum Mitsänger wurde. Von Ungeduld, weil sich der volle Bus unendlich langsam die steilen Kurven den Berg hinauf- und auf der anderen Seite wieder hinunterquälte, war keine Spur. Der Weg war das Ziel. Die Busfahrt des Helden im Reggae-Kultfilm *The Harder They Come* musste nachgestellt werden. Auf Rodrigues könnte man die Kamera einfach mitlaufen lassen – in jedem Überlandbus, der sich auf den Weg in die Hauptstadt macht.

Auf dem quirligen Markt von Port Mathurin fahndete ich nach der CD mit meinem Ohrwurm aus den vielstimmigen Mitfahrerkehlen und fand sie nicht: ausverkauft. Da ich die Insel unter keinen Umständen ohne musikalische Devotionalie verlassen wollte, folgte ich dem Hinweis eines Straßenhändlers und suchte nach dem Haushaltswarenladen eines chinesischstämmigen Inselbewohners, der immer einige Exemplare vorrätig haben sollte. Es war nicht ganz leicht, den unauffälligen Eingang des Ladens im Gewimmel der kleinen Stadt zu finden, aber es lohnte sich, in der Hitze des Tages den abgedunkelten, kühlen Raum zu betreten: Dies war ein Krämerladen im besten Sinne, ein Kaufhaus im Kleinen, ein Hort der Fülle, in dem von einer Flügelschraube bis hin zu Bettgestellen alles angeboten wurde. Fast bedauerte ich, dass ich aus dem überbordenden Angebot von Haarschneidern bis zu Babywindeln nichts gebrauchen konnte, ließ mir aber dennoch Zeit zum Stöbern, um die entspannte, fröhliche Atmosphäre dieses Ladens auszukosten. Erst nach einer Weile bemerkte ich, dass keiner der Kunden nach Erwerb seiner Ware den Laden verließ, sondern sich weiter mit den Verkäufern hinter dem Tresen unterhielt, angebotenen Kaffee trank oder eine der köstlich duftenden Teigtaschen aß, die ein älterer Mann aus einem Glaskasten holte.

Irgendwann begriff ich, dass niemand gehen wollte, weil ich im Laden stand.

Bei knapp 40 000 Einwohnern und winzigen Touristenzahlen, die sich zumeist aus Urlaubern von La Réunion oder Mauritius zusammensetzen (die seltenen Schiffsüberfahrten ab Mauritius und die wenigen täglichen Flugverbindungen mit Propellermaschinen lassen keinen Besucherboom zu), war es kein Wunder, dass eine blasse blonde Frau in diesem Warenwunderland ein Kuriosum darstellte.

Als ich meinen Wunsch nach der Seggae-CD vorbrachte, wurde es für einen Augenblick still. Dann kam Leben in die Bude, weil jeder eine Band, eine Sängerin, eine Melodie kannte, die ebenfalls in mein Rückreisegepäck gehörte. Man sang, pfiff, trällerte, tanzte und balzte und versuchte, mir alle möglichen anderen Lieder sowohl des Sega als auch des Seggae schmackhaft zu machen. Ich konnte dem Käuferchor nichts abschlagen – so sehr gefiel mir diese Mischung aus Reggae und kreolischer Lebensart.

Der Besitzer des Ladens erzählte mir von der Angst der mauritischen Oberschicht gegenüber dieser »subversiven« Musik und den Unruhen im Jahre 1999, die der Tod des Sängers Kaya auslöste. Kaya, als Joseph Réginald Topize geboren, hatte sich für die Rechte der mauritisch-kreolischen Bevölkerung eingesetzt und gilt als Begründer dieser inseleigenen Musikrichtung. Seinen Künstlernamen wählte er nach dem gleichnamigen Song seines Idols Bob Marley.

Ich musste postwendend schlucken: Hatte mich doch Bob Marley bei seinem letzten Konzert in der Berliner Waldbühne gerade mit dieser Liedzeile weit über seinen Tod hinaus zum Fan gemacht. Ich erzählte von diesem nachhaltigen Konzerterlebnis, bei dem mittendrin leichter Regen einsetzte. Bob Marley ließ seine Band aufhören zu spielen, trat allein ans Mikrofon und intonierte mit leiser, eindringlicher Stimme die Liedzeile »... for the rain is falling«, um dann zum Summen von 16000 Menschen a cappella weiterzusingen. Es brauchte kein Kaya, kein Gras der besonderen Art, um davon high zu werden. Ich bekam selbst noch beim Erzählen Gänsehaut. Meine Zuhörer sahen sich an, nickten und erzählten mir dann, warum ihrem Seggae-Sänger gleichen Namens ebendieses Gras zum Verhängnis wurde. Er wurde nach einem Konzert auf Mauritius wegen Besitzes und Genusses von Marihuana verhaftet und abgeführt, sollte aber einige Tage später gegen Kaution wieder freigelassen werden. Dazu kam es jedoch nicht: Der Sänger wurde leblos in seiner Zelle aufgefunden. Das Gerücht hält sich hartnäckig, dass seinem Tod mit »schlagkräftigen Argumenten« nachgeholfen worden war, um seinem Einfluss auf die Bevölkerung ein für alle Mal ein Ende zu setzen.

Das Gegenteil trat ein: Seggae hat sich auf beiden Inseln durchgesetzt, sowohl auf Rodrigues als auch auf Mauritius.

Ich entschied mich, eine beachtliche Anzahl verschiedener Interpreten auf Konserve mit nach Hause zu nehmen. Eine bedenkliche Kauflaune, wenn ich an das Höchstgewicht von nur 15 Kilo für meinen Rückflug nach Mauritius dachte. Die Einheimischen fegten meine Bedenken mit einer Handbewegung vom Tisch: Bei diesen Souvenirs würde die Kontrolle am Flughafen mehr als ein Auge zudrücken – auch dort wäre man stolz, dass sich auf einem winzigen Fleck mitten im Indischen Ozean zwei selbstständige Musikrichtungen entwickelt hätten, die es wert seien, weltweit bekannt zu werden.

Seggae ist die erste musikalische Leidenschaft der Menschen von Rodrigues; die zweite lernte ich kennen, als ich gefragt wurde, wohin meine Tasche voll Musik denn fliegen würde.

»Deutschland« wirkte wie ein Zauberwort. Plötzlich redete wieder alles durcheinander – diesmal über Fußball. Ich erfuhr, dass unsere Kicker hoch im Kurs standen, weil unsere Nationalmannschaft so mitreißend spiele und ihre Mitglieder zum Anbeißen aussähen. Die Fußballweltmeisterschaft lag zu diesem Zeitpunkt knappe zwei Monate zurück, und »unsere Jungs« hatten sich von ihrer besten Seite gezeigt. Ich nickte freundlich und wurde aber stutzig, als der Chinese hinter dem Tresen stöhnte: »Und dann zieht ihr einfach so am Land meiner Väter vorbei in die Zielgerade und gewinnt den Weltmeistertitel. Seitdem wissen wir: Chinesen können zwar Weltmeisterschaften ausrichten – aber ihr könnt sie gewinnen.«

China? Weltmeistertitel? Erst da klingelte es bei mir. Die Männer und Frauen um mich herum schwärmten nicht von Özil, Müller oder Schweinsteiger – sie bewunderten unsere Fußball-*Damen*! Der gute Mann redete von 2007 und der Frauen-Weltmeisterschaft in China! Und obwohl ich mich zum ersten Mal in meinem Leben selbst bei chauvinistischen Annahmen ertappte, grinste ich breit – und geriet fast aus dem Häuschen, als ich die Erklärung für diese Interessenverschiebung zugunsten des weiblichen Fußballs nachgeliefert bekam: Wann immer die weibliche Bevölkerung Zeit findet, trainiert auf Rodrigues eine sehr aktive Damenliga vor den Augen ihrer sie bewundernden männlichen Fans. Echter Seitenwechsel!

Der Traum einer kickenden Dame, die gerade Paraffinöl und Schnürsenkel erstanden hatte: einmal gegen eine Mannschaft der Bundesliga antreten, am liebsten gegen den VfL Wolfsburg, den 1. FFC Frankfurt oder Turbine Potsdam. An dieser Stelle wunderte ich mich schon nicht mehr über die ausgesprochen gut informierten Kreise, sondern begriff, dass auf diesem einsamen Eiland so mancher Bericht Gehör findet, für die wir in Deutschland in der Fülle eines Tages keinen Platz lassen. Ich nahm mir vor, mich durch das Einstellen meines Webradios auf *Radio Rodrigues* zu revanchieren und mir so erholsame Auszeiten und Inselneuigkeiten zu gönnen.

Mit einem breiten Lächeln im Gesicht fuhr ich aus der Hauptstadt zurück auf die Südseite der Insel. Unterwegs traf ich wieder auf die junge Frau, die mir im Bus mit dem Liedtext geholfen hatte. Irene hatte ihre kleine Tochter bei der Großmutter abgeholt und fuhr nun wieder mit ihr nach Hause. Ich zeigte ihr stolz meine soeben erworbenen Schätze und fragte dann, ob sie auch Fußball spiele. Sie lachte, als wäre alles andere unvorstellbar und erzählte vom Spielfeld ihres kleinen Dorfes, das bei Flut und zu viel Regen ebenso häufig überspült sei wie die einzige Zufahrtsstraße. Das verringere zwar ihre Chancen, genauso intensiv zu trainieren wie ihre Kolleginnen an der Nordküste, aber nicht ihren Enthusiasmus.

Irene und ich kamen über die Vielfalt der Landschaft und die Sehenswürdigkeiten ihrer Insel ins Gespräch. Sie empfahl mir eine Rundfahrt mit Aldo, einem der wenigen Taxifahrer der Insel, der mir Rodrigues zu Füßen legen könnte inklusive unbekannter Schmuckstücke – wie der Baustelle einer kleinen Kirche, die einmal auf der Westseite der Insel wie ein Schiff den grünen Hügel hinunter in das Land des Glaubens segeln soll.

Kirchen spielen auf Rodrigues eine große Rolle – eine so große, dass Saint Gabriel, eine katholische Kirche mitten in den Hügeln des Landesinneren, gut 2000 Menschen fassen kann. Sie gilt als das größte Gotteshaus im Indischen Ozean. Trotzdem hätten diese Plätze nicht ausgereicht, als Papst Johannes Paul II. Rodrigues 1989 seinen Besuch ankündigte. Nicht nur die 98 Prozent Katholiken der Insel, sondern die Gesamtbevölkerung wollte an diesem besonderen Ereignis teilhaben und drängte deshalb auf das Fußballfeld von La Ferme, einem Ort im Osten der Insel.

An normalen Sonntagen ist Saint Gabriel der Nabel der Inselwelt. Auch aus abgelegenen Winkeln reisen die Menschen an, um gemeinsam den Gottesdienst zu feiern und sich in bestem Sonntagsstaat zu zeigen. Eine einmalige Gelegenheit für die jungen Frauen, sich in den Scharen junger Männer nach geeigneten Heiratskandidaten umzusehen.

Ob die neue Kirche, von der Irene sprach, einmal ähnlich wichtige Funktionen als Begegnungsstätte und Heiratsmarkt erfüllen wird, ist zu hoffen, denn sie verspricht, eine Schönheit zu werden. Bei meinem Besuch war sie bereits geraume Zeit im Bau.

Der steinerne Bug des Kirchenschiffes ist Richtung Ozean ausgerichtet. Selbst ohne Dach fühlt man sich im Inneren so sicher wie im Bauch eines richtigen Schiffes. Der Architekt hat überall dort Fenster eingelassen, wo die Ausblicke auf Landschaft oder Meer den Eindruck von Zeitlosigkeit und Frieden vermitteln.

Ich war Irenes Vorschlag gefolgt und hatte Aldo gebeten, mir diese Kirche zu zeigen. Er erzählte voller Vergnügen die entschleunigten Details ihrer Entstehung. Da auf

Rodrigues alles einem eigenen Zeitplan gehorchte, regte das niemanden auf – man war einfach stolz darauf, dass überhaupt ein Anfang gemacht worden war.

Wer viel Zeit hat, kann mit einem der Inselbusse herkommen, alle anderen sollten sich für Aldo entscheiden und ihm die Reiseplanung für eine Besichtigungstour überlassen. Dieser Mann kennt seine Insel nicht nur, er liebt sie und zeigt sie ohne jede Hast, aber mit dem Wissen, dass nicht Quantität, sondern Qualität Erinnerungen schafft. Ich kenne die Grundschule, auf der er Lesen und Schreiben lernte, und das Haus seiner Großmutter auf dem Land. Ich weiß, wie man auf einem einsamen Küstenpfad bis zu einem besonders schönen Badeplatz kommt und welchen Wanderweg man meiden sollte, wenn man möglichst ohne Schrammen nach Hause zurückwill. Und natürlich trifft man en route andere wohlmeinende Fachleute mit guten Ratschlägen: Kennst du schon Baladirou? Oder die Topasbucht? Du *musst* auf den Mont Limon.

Mir wurde schnell klar: Ganz gleich wie lange ich noch bleiben würde, ich müsste einige Pläne auf den nächsten Besuch verschieben, denn Rodrigues ist zwar klein, aber es hat Größe. Wenig mehr als 100 Quadratkilometer werden von einer doppelt so großen Lagune umschlossen. Vom Flugzeug aus gesehen schimmert die Insel wie eine vielfarbige Perle inmitten einer grünlich-braunen Auster auf dem dunkelblauen Samt des Ozeans.

Diese Auster beeindruckt mit überraschendem Reichtum an unterschiedlichen Landschaften: Mangroven wechseln sich ab mit schottischem Hochland, Buchten mit unverschämt weißem Sand und schattigen Palmen mit idyllischen Aussichtspunkten und Wanderwegen durch den Eukalyptuswald. Die Tropfsteinhöhle Caverne Patate ist die einzige ihrer Art im Indischen Ozean. Vom Mont Limon hat man 360-Grad-Rundblick weit über das Schlaraffenland hinaus auf ein Meer, zu dessen blau-grünem Farbspiel die Pirogen mit ihren weißen Dreieckssegeln einen anmutigen Kontrast bieten. Die Fischer nutzen diese Boote noch immer, um in der Lagune ihrer Arbeit nachzugehen, sind aber auch bereit, Besucher gegen Entgelt auf eine der unbewohnten Eilande mit Robinsonatmosphäre zu bringen und sie nach ein paar Stunden wieder abzuholen.

Steht der Sinn nach einem Ausflug auf die Vogelschutzinseln Île aux Cocos oder Île aux Sables, bittet man um Erlaubnis bei der Discovery Rodrigues Company, die dafür sorgt, dass die Reservate nicht überlaufen werden und die darauf nistenden Seevögel ihre Ruhe haben.

Den legendären Rodrigues-Solitär wird man allerdings auf keinem der Reservate mehr antreffen. Der flugunfähige Vogel war mit seinen 20 Kilogramm und bis zu 90 Zentimetern Höhe zu schwerfällig, um den Gefahren von Menschen, Hunden und Katzen auszuweichen. Wie der Dodo der anderen Maskareneninseln Mauritius und La Réunion ist er im Zuge der Besiedlung ausgestorben. Aber auf Rodrigues hat man seitdem dazugelernt. Beseelt vom Wunsch, die natürliche Vielfalt der Insel auch für nachkommende Generationen zu erhalten und dabei gleichzeitig durch kontrollierten, ökologisch einwandfreien Tourismus auch finanzielle Sicherheit zu erlangen, stehen bereits 64 Hektar der Lagune unter Naturschutz. Einst gefährdete Spezies wie der Ebenholzbaum in der Pflanzenwelt oder der Rodrigues-Rohrsänger in der Tierwelt werden heute sorgfältig gepflegt.

Das gilt auch für jene Pflanze, die die lukullische Landkarte perfekt macht. Der Café Marron ist ein Kaffeebaum, von dem man schon vor Jahrzehnten glaubte, dass er ausgestorben sei – bis ein Lehrer seine Schüler in den 1980er-Jahren über die Insel schickte, um Pflanzen zu sammeln, die man gemeinsam bestimmen wollte. Jede Blume, jede Baumsorte der Insel sollte verzeichnet werden. Die Kinder trugen voller Begeisterung zusammen, was sich an Fauna finden ließ – nur für ein Exemplar fand man keine Entsprechung. Dem Lehrer muss das Herz schneller geschlagen haben, als er ahnte, welchen Zweig ein Elfjähriger ihm unter die Nase hielt. Die Schule schickte eine Probe in die berühmten Gewächshäuser von Kew Gardens und bat um Vergleich mit einem getrockneten Exemplar der Pflanze, die ein Naturforscher 200 Jahre zuvor mit nach England gebracht hatte. Kew Gardens bestätigte das Ungeheuerliche: Es gab noch einen lebenden Café-Marron-Baum auf Rodrigues! Ein Ableger des Baumes wurde nach London geschickt und dort gehegt und gepflegt. 20 Jahre versuchte man mühsam, daraus Samen zu züchten. Mit Erfolg: Mittlerweile sind die ersten Setzlinge bereits wieder zurück auf Rodrigues. Ich hätte mich gerne persönlich bei dem kleinen Jungen von damals für seinen Spürsinn bedankt und gefragt, wie es sich heute anfühlt, Teil einer erfolgreichen Rettungsaktion zu sein, fand aber keine Gelegenheit mehr, ihn ausfindig zu machen.

So bleibt für mich und für alle, die nicht bis nach Rodrigues fahren können, um die sternförmige weiße Blüte des *Ramosmania rodriguesii* in natura zu sehen, diese Geschichte eines bedeutsamen Lehrauftrags und ein Spaziergang durch Kew Gardens, um sie dort zu bewundern und zu begreifen, wie einzigartig und erhaltenswert jede Pflanze ist – nicht nur die letzte ihrer Art.

Wer jetzt glaubt, dass allein der Café-Marron-Baum auf Rodrigues sein Sanktuarium gefunden hat, wird von Aldo eines Besseren belehrt. Der Taxifahrer kennt die Stellen, an denen man die seltenen Goldkronen-Flughunde beobachten kann, ohne zu stören. Im Solitude-Wald hängen sie tagsüber kopfunter in den Bäumen und ruhen bis zum nächsten nächtlichen Einsatz aus. Mit einer Flügelspannweite von eineinhalb Metern und ihren pelzig-goldigen Köpfchen wären diese Schönheiten eine Zierde für jeden modebewussten Vampir mit Hang für das Außergewöhnliche. Und wo könnten sich diese stilvoller ausruhen als ausgerechnet im Wald der Einsamkeit?

Auf dem Weg entlang der Küste fährt man immer wieder an Frauen vorbei, die völlig ruhig im seichten Wasser stehen – bis sie plötzlich zustechen. Mit harpunenähnlichen Geräten speeren sie nach alter Art Tintenfische und hängen sie anschließend an mannshohe Gerüste zum Trocknen in die Sonne. Die im Wind wogenden Leiber wirken selbst bei Tag gespenstisch – als Tintenfischcurry ist diese Inselspezialität allerdings ein echter Genuss und versöhnt sehr schnell mit dem schauerlichen Anblick.

An manche Plätze in Rodrigues kann man weder mit dem Bus noch mit Aldo, sondern nur zu Fuß gelangen und wird mit besonderem Zauber belohnt. So erreicht man über einen kleinen Pfad hinter Klippen versteckt Trou d'Argent – einen hinreißenden Ort, der zu einem der dreißig natürlichsten Strände der Welt auserkoren wurde. Hier leuchtet das Wasser so blau wie sonst nur in der berühmten Grotte von Capri – aber man ist in dieser wildromantischen Bucht (meistens) vollkommen allein.

Rodrigues ist ein Naturheilmittel gegen Stress. Ein Besuch sollte nie kürzer als eine Woche sein, damit man sich auf die Geschwindigkeit – und die Entdeckung der Langsamkeit – einlassen kann, die die Bewohner vorleben. Mir hat vieles an Rodrigues gefallen, aber eines hat mich besonders fasziniert: Ich habe nie jemanden laufen sehen. Niemand hetzte mit Coffee-to-go einem Bus hinterher, niemand rannte mich auf dem Gehweg um, niemand bat mich um schnelle Entscheidungen. »Alles zu seiner Zeit« wurde so sehr gelebt, dass ich geneigt war, dem zu spät auftauchenden Transfer zum Rückflug dankbar zu sein, weil ich durch ihn einen weiteren Tag auf der Insel bleiben durfte. Auf dem Flughafen hatte jedoch niemand mit »überpünktlichem« Erscheinen gerechnet, und alles war gut … oder eben doch nicht: Denn ich musste zurück in die wirkliche Welt, in der keine Irene und kein Aldo mir erklärten, dass sie niemals fliegen würden, weil die Anreise dann zu schnell verginge. Nur auf dem Schiff zur Mutterinsel, das je nach Stimmung des Ozeans zwei bis drei Tage durch einsames Meer gleitet, hätte man genug Muße, sich auf das Ankommen richtig vorzubereiten.

Wenn ich mich an diese Muße erinnern will, ziehe ich das T-Shirt an, das ich mir des Aufdrucks wegen mitbrachte: *Rodrigues: Île Anti-Stress …*

Rodrigues füllt Ihren Erinnerungskoffer mit …

… einem heruntergefallenen Blatt des Café Marron (Finger weg vom Baum!),

… Musik, Musik, Musik und ein paar frisch gelernten Tanzschritten,

... Nichtstun, sich leiten lassen, sich gleiten lassen durch die Zeit oder auf dem Wasser ... mit Kite, mit Piroge, auf der Luftmatratze,
... einer Wanderung zu einem Aussichtspunkt mit Blick auf Hunderte von meeresblauen Farbtönen.

Geschmackvolle Souvenirs:

- ✓ Tintenfischcurry nach Inselart
- ✓ Salat aus grünen, unreifen Papayas
- ✓ selbst gemachte Chutneys, die am Straßenrand zum Verkauf stehen
- ✓ Tee aus überbrühtem frischem Zitronengras – Prädikat: unvergesslich
- ✓ ein Stapel CDs der Inselmusik

Wer sich von Einheimischen Rezepte mitgeben lässt, kann sich daheim ein Menü bereiten, Freunde dazu einladen und ihnen und sich bei passender Musikuntermalung einen Kurzbesuch im Indischen Ozean gönnen.

Vor dem Ein- oder nach dem Ausschiffen zu lesen:

Der Nobelpreisträger Jean-Marie Gustave Le Clézio hat nicht nur die französische, sondern auch die mauritische Staatsbürgerschaft und verarbeitet die Inselwelt der Maskarenen in anrührenden Familiengeschichten, in denen Rodrigues immer wieder thematisiert wird. *Der Goldsucher* und *Ein Ort fernab der Welt* tragen auf einem exotischen Erzählteppich mitten hinein in seine Geschichten und auf Eilande aus denen er große Literatur gemacht hat.

Marcel Robischon: *Vom Verstummen der Welt* … nicht nur, weil der Name des Mannes wie »Robinson« klingt und das gut zu einsamen Inseln passt, sondern weil er mit Herzblut beschreibt, wie uns der Verlust der Artenvielfalt verarmen lässt und das auf Rodrigues über die Jahrhunderte Thema war und ist.

Nathacha Appanah: *Der letzte Bruder* … spielt auf Mauritius, ist aber eine Geschichte über eine Freundschaft, wie sie auch auf Rodrigues – und hoffentlich überall auf der Welt – geschlossen werden könnte. Dieses Buch wurde mir von einem Einheimischen empfohlen – und ich bedanke mich hiermit dafür!

Eiland der Heiligen
St. Helena
SÜDATLANTIK, BRITISCHES ÜBERSEEGEBIET

»St. Helena ist eine Insel so da ligt under dem 16. Grad zum Suden, had einen steden lieblichen Lufft, auch sus Wasser und allerley erfrischendes Obs, der halben bequem den Schiffen so aus Ost Indien komen, sich allda zu erfrischen.«

So steht es in altem Deutsch und Latein auf einem Stich aus dem Jahre 1601 des berühmten Kupferstechers Theodore de Bry, den ich beim Stöbern in einem kleinen Londoner Antiquariat fand. Das Bild zeigt die Felseninsel St. Helena mit der Schlucht, in der heute ihre Hauptstadt Jamestown liegt, und die exakte Anzahl Bergkuppen und Hochebenen, die man vom Wasser aus erkennen kann. Segelschiffe mit so klangvollen Namen wie Sta. Maria, Gallião de Malacca und Santa Cruz liegen im Vordergrund auf Reede. Mit der Lupe offenbart sich der Detailreichtum des Bildes: Winzige Menschen jagen gämsenähnliche Tiere mit Speeren; eine Kirche, der heiligen Helena gewidmet, ist die einzige sichtbare menschliche Behausung; Matrosen schleppen Fässer voll Süßwasser von einem Fluss zu Ruderbooten hinunter. Auf einem der Hügel steht ein weiterer Matrose und sieht zu den Dreimastern hinüber, als wollte er einen Mann im Ausguck grüßen. Wenn auch nicht immer mehrere Schiffe gleichzeitig vor St. Helena ankerten, so zeigte der Kupferstecher auf diese Weise doch eindrucksvoll, wie wichtig die Insel für Weltumsegler und Entdecker war. Ganz gleich ob sie aus dem Süden heraufkamen und Kurs auf Europa nahmen oder von dort kommend das Kap der Guten Hoffnung umrunden wollten, um für die Alte Welt Gewürze und Spezereien einzukaufen: Die Besatzungen dieser Schiffe müssen heilfroh gewesen sein, nach langen Wochen auf See endlich wieder Land zu sehen.

Ich stellte es mir erhebend vor, nach endlosem Wasser, Wasser, Wasser erst ein Schemen wahrzunehmen, dann einen Schatten, bis sich schließlich die beeindruckenden Felsen der heiligen Helena aus bewegtem Blau erhebt. Ein Hochgefühl, wenn die ersten Vögel sich einfinden, die die Insel als Arche benutzen, wenn der Geruch der Luft sich verändert, sobald das Meer nicht mehr mit dem Schiff allein ist. Wie der Mann im Ausguck einer Dreimastbark wollte ich dieses Gefühl einmal erleben, wollte sehen, was der Kapitän auf der Kommandobrücke sieht, die Vorfreude auf die Ankunft empfinden, wenn ein Schiff auf einen weltabgelegenen Hafen zustampft. Die Möglichkeit, dies alles genauso zu erleben, bot mir eines der letzten echten Postschiffe der Welt: die *RMS St. Helena*.

Leider wurde diese Kombination aus Frachter und Passagierschiff 2018 außer Dienst genommen und durch einen wöchentlichen Flug aus Johannisburg ersetzt. Darauf hatten die Bewohner lange sehnsüchtig gewartet, denn das Schiff war bis zu diesem Zeitpunkt die einzige offizielle Möglichkeit, die Insel zu erreichen. Auf dieselbe Art und Weise wie einst Napoleon Bonaparte. Nur freiwillig.

Nicht nur ich, alle, die jemals mit der Lady Helena eine Passage gefahren sind, knüpfen daran Erinnerungen der besonderen Art. Die *RMS St. Helena* buchte man entweder, weil man in die Heimat zurückkehren wollte, sie für lange Monate verlassen musste oder genug Zeit mitbrachte, um ihre Route wie eine Kreuzfahrt zu genießen. Vom Ablegen des Schiffes in England konnten durchaus zwei Wochen vergehen, bis die Insel erreicht wurde – und das ohne wesentliche Aufenthalte.

Immerhin hatten die Passagiere auf der Route in Teneriffa Landgang und durften obendrein Ascension erkunden: eine Insel mitten im Atlantik, die den Streitkräften der Vereinigten Staaten von Amerika und Großbritannien gleichermaßen als natürlicher Flugzeugträger dient. Erst wenn diese Stationen bedient worden waren, nahm man direkten Kurs auf die Insel, die dem Schiff seinen Namen gab. Nach mehrtägigem Aufenthalt dort führte die Route dann weiter bis hinunter nach Kapstadt und einmal im Jahr sogar bis zur Siedlung Edinburgh of the Seven Seas auf der einsamen Insel Tristan da Cunha. Ich bedaure unendlich, diese Reise ans »schottische« Ende der Welt nicht mehr mit Kapitän Young und seiner unglaublich vielseitigen Besatzung machen zu können, denn auf seinem Schiff wurde der Weg zum Ziel. Hier trafen sich Menschen wieder, die lange aufeinander verzichten mussten, lernten sich Leute kennen, die sicher waren, in den nächsten Monaten aufeinander angewiesen zu sein. Auf der *RMS St. Helena* wurden Freundschaften fürs Leben geschlossen, bevor man überhaupt wusste, wie sich das Leben auf der Insel anfühlte und ob man es später als Gefängnisaufenthalt einstufen würde, wie eine Reise zu einem anderen Planeten oder als Zeit echter Freiheit. Das Schiff war die schwimmende Dependance des Lebensgefühls der »Saints«. So nennen sich die Einheimischen kurz und knapp und selbstironisch-selbstbewusst. Nicht »Helenians« oder »Saint Helenians«, sondern schlicht »Heilige«. Da ich in meiner Zeit auf der Insel ausschließlich Menschen traf, die zugewandt, hilfsbereit, offen und gastfreundlich waren, fand ich diese Bezeichnung nicht nur liebenswert, sondern auch überaus passend. Die Saints gaben den Ton vor, der auf dem Schiff herrschte, und stimmten damit so perfekt auf die Insel ein, dass ich beides als unbedingt zueinandergehörend empfand.

Wer auf einer Seereise nach St. Helena Saus und Braus erwartete, wurde mit gediegenen britischen Dinnermanieren sanft auf Linie gebracht; wer ein Unterhaltungsprogramm erfragte, fand sich im Handumdrehen als Teil des Schiffsensembles wieder. Auf der *St. Helena* erfuhr ich von Mitreisenden, was es heißt, Heimweh zu haben, aber keine Möglichkeit, es zu stillen, weil selbst wenige Tage Aufenthalt daheim vier Wochen Urlaub erfordern.

Gouverneur, Leichtmatrose, Touristin: Alle nahmen mit Enthusiasmus teil an den Spielen an Deck oder am Musical-Quiz – bei dem die Antworten gesungen werden mussten – oder belagerten abends die Bar, um herauszufinden, wer diesmal die seltene Passage mitfuhr, welche Regierungsbeamten sich für die nächsten sechs Monate für den Dienst im Krankenhaus oder in der Administration gemeldet hatten. Meiner Fahrt auf diesem Schiff verdanke ich meine Lust, mit der Kamera zu experimentieren, denn mit Trevor war ein professioneller Fotograf an Bord, um einen Bildband über das Schiff und St. Helena vorzubereiten. Er meldete sich sofort, uns einen Einführungskurs zur Kunst maritimer Fotografie zu geben. Jedes Foto, auf das ich stolz bin, beruht auf seiner Expertise und seiner Freude, sie mit uns Anfängern zu teilen.

Die Handelsschiffe früherer Zeiten mussten stets getrocknetes Fleisch oder lebende Tiere an Bord haben, um ihre Versorgung sicherzustellen. Ein Hauch dieser Notwendigkeit umwehte auch die *RMS St. Helena*. Als einziges Versorgungsschiff, das circa achtmal im Jahr ihre Namensgeberin besuchte, enthielt ihre Fracht alles, was das Überleben auf der Insel sicherstellte. Jeder Dachziegel, jedes Auto, jeder Kinderwagen, jede Coca-Cola und jede Rolle Toilettenpapier musste die wochenlange Fahrt zurücklegen, bevor der Bestimmungsort erreicht war. Mit uns an Bord waren Schafe, Kühe und Hühner in eigens entwickelten Containern, drei Autos, vier Waschmaschinen, eine ganze Kiste Bücher, Batterien, Briefpapier, Buntstifte, Kleidung, sämtliche Dosen, Container und Flaschen, die ich in jedem Lebensmittelladen daheim aus dem Regal hole, ohne daran auch nur einen Gedanken zu verschwenden. Selbstverständlich musste all das in einer Menge auf die Insel verfrachtet werden, die 4000 Menschen für gute sechs Wochen ausreichend versorgte, bis das Schiff die Insel erneut anlief. Die Saints wissen deshalb nicht nur allesamt ein Stück Schokolade zu würdigen, sie können auch kochen, denn tiefgefrorene Fertigprodukte waren im Angebot nicht vorgesehen. Wer Pizza will, muss sie sich backen, wer Spaghettisoße liebt, muss lernen, sie aus Tomaten, Zwiebeln und Gewürzen herzustellen – wenn es gerade Tomaten und Zwiebeln gibt.

Ich hatte lange auf die Reise nach St. Helena gewartet, denn die Saints und Leute, die für ein paar Monate auf der Insel arbeiten sollten, wurden bei der Buchung von Kabinen völlig zu Recht bevorzugt. Aber nach zwei Jahren Wartezeit war ich dran, erledigte die notwendigen Formalitäten und war die einzige Urlauberin an Bord – aber nicht die Einzige aus Deutschland. Der Schiffsarzt – dessen Vorrat an Spritzen gegen Seekrankheit ich bei besonders unangenehmen Strömungen im Südatlantik würde lieben lernen – war ebenfalls aus Deutschland und gönnte sich jedes Jahr ein paar Wochen auf der *RMS St. Helena,* um sich anschließend ausgeruht wieder seinen Patienten zu widmen. Eine Anti-Burn-out-Therapie mit Wellengang und Selbstbedienungswäscherei.

Gemeinsam mit zwölf anderen Passagieren war ich bei einem Stopp in Ascension an Bord gegangen und hatte bereits dort begriffen, wie einsam St. Helena tatsächlich lag. Auf einer Landkarte des gesamten Atlantiks war um den winzigen Fleck Insel weit und breit kein Land in Sicht. Ich maß die Entfernungen bis zum Festland mit dem Lineal ab. Laut Legende lag St. Helena knappe 1900 Kilometer vor Angolas Küste und schaute über etwas mehr als 3200 Kilometer Wasser Richtung Brasilien. Da spielte die Fünf-Tage-Reise mit dem Schiff bis hinunter nach Kapstadt fast keine Rolle mehr.

»Kein Ort für eine akute Blinddarmentzündung«, konstatierte ich gegenüber meinen Mitreisenden, worauf sich mir gleich zwei der zwölf Passagiere als Ärzte vorstellten, die als neues Personal für das Inselkrankenhaus an Bord waren, um sechs Monate Dienst auf der Insel zu versehen. 28 Betten, die jetzt auch auf die Betreuung durch einen Chirurgen und einen Hals-Nasen-Ohren-Arzt hoffen konnten.

Ich lag auf einer Liege auf dem Hauptdeck und las das von Emmanuel de Las Cases geführte Tagebuch über Napoleons Leben auf St. Helena – in dem dieser sich geschickt vom

Tyrannen in den Märtyrer Europas wandelte –, als ein Gong ertönte und der Kapitän über Lautsprecher verkündete, dass er die erste Sichtung St. Helenas in der nächsten halben Stunde erwarten würde. »Alle, die von der Brücke aus das Ereignis miterleben wollen, sind herzlich eingeladen.«

Ich ließ Napoleon fallen und erreichte den Kommandostand des Kapitäns als Erste. Wir wurden mit Ferngläsern ausgerüstet und angewiesen, Laut zu geben, sobald wir das Eiland erblickten. Ich war bei Weitem nicht die Erste, die sich meldete. Ich war viel zu sehr damit beschäftigt, mich in meinen Kupferstich hineinzuträumen und meine derzeitigen Gefühle mit den Erwartungen der Menschen damals zu vergleichen. Mein Magen flatterte und ich hatte Herzklopfen, weil mir klar wurde, dass die Insel, die Jahrzehnte auf Platz 1 meiner Besuchswunschliste gestanden hatte, in wenigen Stunden für knapp zwei Wochen meine Kartause werden würde.

Da ich angenommen hatte, auf St. Helena ein Leben in Ruhe und Beschaulichkeit zu führen, während das Schiff einen Schlenker nach Kapstadt und Ascension machte, um mich auf der Rückreise wieder mit an Bord zu nehmen, wurde ich noch vor dem Ausstieg eines Besseren belehrt. Als die Beamten an Bord kamen, um die Einreiseformalitäten zu erledigen und die Passagiere anschließend nacheinander in die Tenderboote zu entlassen, bekam ich jede Menge Adressen und Einladungen zugesteckt, die für weit mehr als die Hälfte meines Aufenthalts für Unterhaltung sorgen würde.

Außerdem hatte ich nicht mit dem Empfang an Land gerechnet. Der Hafen wimmelte von Menschen, die Freunde, Familie und Fracht erwarteten.

Ich hatte ein Haus abseits der Hauptstadt gemietet, und die Besitzer von Periwinkle, Val und Pat, standen mit offenen Armen da, um mich zu empfangen, bei der Mietung des Autos zu helfen und aus dem Willkommensgewusel meine Koffer zu extrahieren. Sie fütterten mich bei sich zu Hause mit Fishcakes, um mich dann aus Jamestown hinaus über die steil auf das Plateau aufsteigende Straße nach New Ground und in das Haus zu bringen, in dem Val aufgewachsen war.

Durch einen grünenden und blühenden Gemüsegarten, den das Ehepaar bewirtschaftete, um ab und an frischen Salat auf dem Teller zu haben, ging ich auf eine breite Veranda im Stil australischer Farmhäuser zu. Wenn auch gerade der Mond aufging und das Meer dunkel wurde, so wusste ich doch sofort, dass ich oft dort sitzen würde, um die Vorstellung zu genießen, dass zwischen mir und Brasilien nichts als Wasser läge und es auch aus Europa keine Möglichkeit gab, mit mir Kontakt aufzunehmen. Nichts würde meine Kreise stören.

Am nächsten Tag setzte ein, was ich später meinen St.-Helena-Rausch nennen würde. Ganz gleich wohin ich kam, ich wurde nicht nur freudig empfangen, ich betrat auch beständig geschichtsträchtigen Boden, auf dem auf die eine oder andere Weise unser Weltgeschehen beeinflusst worden war.

St. Helena liegt im wahrsten Sinne des Wortes wie ein gigantischer Fels in der Brandung: schroff, unzugänglich, unnahbar. Nur wenige Stellen lassen gefahrloses Anlanden zu. An einer dieser Buchten, eingerahmt von steil aufragenden Felswänden, liegt die Hauptstadt der Insel. Jamestown schmiegt sich so tief in den schmalen Bergeinschnitt hinein, dass ich beständig die Vorstellung hatte, die steilen Wände könnten über uns zusammenklappen wie eine Auster. Genau genommen passt nur die Hauptstraße mit ihren bunt gestrichenen Häusern im georgianisch-kolonialen Stil in den Schlitz hinein. Hier befinden sich vom Regierungsgebäude, Castle genannt, über die Bibliothek und das Touristenbüro bis hin zur Polizei und Kirchen alle Institutionen, die man als Bewohner und Besucher der Insel benötigt. Hier steht auch ein uralter Poststein. In der Zeit der Großsegler ließen Matrosen ihre Briefe an solchen Steinen zurück, damit die Schiffe, die in der Gegenrichtung unterwegs waren, sie mit in die Heimat nehmen konnten.

Nach der Stille meines Hauses die Straße hinaufzuschlendern, Autos auszuweichen und Hupen zu hören machte mir deutlich, wie schnell, nach ein paar Tagen absoluter Ruhe, selbst ein so kleiner Ort als Metropole empfunden werden kann.

Wie hoch die »Seitenwände« Jamestowns aufragen, macht Jacob's Ladder deutlich. Die in den Felsen gehauene Treppe aus dem Jahre 1829 führt über 699 Stufen und einem Gefälle von ungefähr 40 Grad auf den Ladder Hill hinauf. Pat schwor, dass er die 183 Meter in acht Minuten von unten nach oben bewältigen würde. Ich stand am Fuße der Jakobsleiter, sah staunend hinauf, beschloss, ihm diesen Rekord nicht streitig zu machen, und nahm die Gegenrichtung – in doppelter Zeit.

Die meiste Zeit mied ich die Hauptstadt, um den Rest der Insel zu erkunden, und ging meine Lebensmittel in den winzigen Hütten einkaufen, die auch an den unzugänglichsten Orten der Insel Waren anboten.

Ich war die einzige Besucherin auf High Knoll Fort, einer majestätischen Zitadelle aus dem Jahre 1874, die errichtet worden war, um den Saints im Falle einer Invasion Zuflucht zu gewähren und die Insel wehrhaft zu verteidigen. Der 360-Grad-Rundblick über die Insel, umsäumt von der Unendlichkeit des Meeres, rührte mich. Wer auf diesen trutzigen Mauern steht, sieht alles zu seinen Füßen liegen, was seine Welt ausmacht. Mehr gibt es nicht. Ich fand diese Aussicht beruhigend und tröstlich, konnte mir aber auch vorstellen, dass die Weite des Nichts bei anderen Gemütern heftigen Inselkoller hervorrufen könnte.

Der wäre vielleicht zu verhindern, wenn man den Nachthimmel zu den Aussichten hinzuaddiert. Er ist auf St. Helena wunderbar klar, da die Lichtverschmutzung sich in Grenzen hält. 1676 kam Edmund Halley, der berühmte Astronom und Namensgeber des alle Jubeljahre wiederkehrenden Kometen, nach St. Helena, um eine Sternenkarte der südlichen Hemisphäre zu zeichnen und den Transit des Merkurs zu studieren. Der Punkt, an dem sein Observatorium stand, ist bis heute ein offenes Tor in die Unendlichkeit des Universums. Die schiere Menge der sichtbaren Himmelskörper legte sich wie ein Sternenteppich auf meine Augen.

St. Helena präsentierte mir die ganze Vielfalt der Landschaften der Welt in einer Nussschale: üppiges Grün, fruchtbarer Boden auf der einen Seite, aride Zonen auf der anderen. Wald und schroffer Fels standen zufrieden nebeneinander.

Eine der beliebtesten Freizeitbeschäftigungen der Saints ist die Erkundung ihrer Insel auf Schusters Rappen. Deshalb haben sie 21 sogenannte *Post Box Walks* eingerichtet, durch die man sich St. Helenas Landschaften erlaufen kann. Am Ende jeder Wanderung befindet sich ein kleiner Briefkasten mit Notizbuch, in das man seine Eindrücke des

Weges beschreiben kann. Ein Stempel mit dem Namen des Endpunktes, an dem man sich befindet, und ein Stempelkissen liegen bei. Da ich mein Tagebuch überallhin mitnahm, ist so manche Seite mit einem Siegel versehen und Zeichen fleißiger Wandertätigkeit.

An einem Tag ging ich bis nach Scotland hinauf und war doch nur zwei Stunden unterwegs. Eine Eintragung stammt von Diana's Peak, mit 823 Metern der höchste Berg St. Helenas. Man erreicht den Gipfel über einen Höhenweg und zwei andere Bergspitzen. Entlang der Route entfaltet sich ein Gutteil der Flora, die nur auf St. Helena beheimatet ist. Ich wurde verzaubert von einem Meer aus Callablüten. Da ich daheim ab und an einen einzigen Stängel kaufe, in die Vase stelle und ihn dann hege und pflege, um seine Schönheit so lange wie möglich zu erhalten, blieb ich staunend zwischen ihnen sitzen. Es war mir nie in den Sinn gekommen, dass ich dieser Grazie einmal in solch überwältigender Menge und mitten in Mutter Natur begegnen würde.

Während ich hier rastete, hörte ich Stimmen und Geräusche, als würde eben dieser Natur mit der Machete zu Leibe gerückt. Ich wagte den Abstieg in Richtung des Hackens und Schlagens und traf auf vier Männer, die einen undurchdringlichen Wald aus mehr als mannshohem Neuseeland-Flachs zu lichten versuchten. Ich erfuhr, dass sie ihn nicht ernteten, sondern dabei waren, die Pflanze mit Stumpf und Stiel auszurotten, weil sie die Entwicklung der natürlichen Vegetation unterdrücke. Flachs war in früheren Jahrhunderten auf der gesamten Insel angepflanzt worden, um daraus äußerst haltbare Schnüre zu drehen, mit denen die Postsäcke des royalen Mailservices zugebunden wurden.

»Die hiesige Sorte Flachs galt als besonders haltbar und sicher«, erklärte mir Wilson. »Jeder Brief, der im Vereinigten Königreich befördert wurde, landete unweigerlich in einem Sack, der durch eine Kordel aus St. Helena geschützt wurde.«

Ich musste sofort an den größten Postraub aller Zeiten denken, in dem Ronald Biggs und seine Kumpanen 1963 aus einem Zug – nach heutigen Maßstäben – etwa 50 Millionen Euro erbeuteten. Sie verschwanden mit 128 Postsäcken, die, wie ich jetzt erfuhr, allesamt durch Flachsschnüre der Insel St. Helena verschlossen gewesen sein müssen. Ich grinste. Diese Insel hatte eine Art, ohne großes Aufhebens und Angeberei am Weltgeschehen anzudocken, die mir überaus sympathisch war.

St. Helena begrüßte Besucher wie Charles Darwin, Kapitän James Cook, den Schriftsteller William Thackeray und den Herzog von Wellington, von dem kolportiert wird, dass er, einer Laune des Schicksals folgend, im selben Hause wohnte wie der Mann, den er zusammen mit den Alliierten bei Waterloo besiegte. Die Insel hat gekrönte und abgedankte Häupter beherbergt, gehörte einstmals der Britischen Ostindien-Kompanie, war Frischwasserstelle und Erholungspunkt für Weltumsegler, trauriges Strafgefangenenlager – und hatte ganz nebenbei ein paar sehr cleveren Gaunern geholfen, sehr, sehr reich zu werden.

Ich wanderte weiter durch die Gates of Chaos, einer Landschaft, der heftige Erosionen ihren Stempel aufgedrückt und dabei viele verschiedene Erdfarben zutage gefördert hat. Ich besuchte den Heart Shaped Waterfall, der seinem Namen durch die Form des Felseinschnitts alle Ehre macht, und gönnte mir den Aufstieg auf den High Hill.

Hier oben war es außergewöhnlich still. Ich schaute von den 700 Metern hinunter auf einen Landstrich, auf dem ich nur ein einziges Haus ausmachen konnte. Das einsamste Gehöft auf der einsamsten Insel, die ich bisher besucht hatte, hieß Distant Cottage, ein Name wie ein Buchtitel, zu dem mir gleichzeitig zehn verschiedene Geschichten einfielen, von denen ich bisher zwei geschrieben habe.

Noch immer sehe ich vor mir, wie der Schatten einer einzigen Wolke langsam über die Landschaft kriecht, das Haus erreicht und es für eine Minute verdunkelt, als wäre ein Scheinwerfer mit grauem Filter darauf gerichtet. Das Mittagslicht wirkte grell im Kontrast zu dem einsamen Punkt menschlichen Lebens, der gleichzeitig einladend und geheimnisvoll schien.

Auf meinen Wanderungen kam ich noch an vielen weiteren abgeschiedenen Häusern und Gehöften vorbei und wünschte mir jedes Mal, in einem von ihnen die Zeit zubringen zu dürfen, die es braucht, um ein Buch in völliger Konzentration zu schreiben, mit nichts als einer Katze, einem Hund oder einem Kaninchen als Gefährten.

Kaninchen als Haustiere hatte ich während meiner Zeit auf St. Helena als Alleinunterhalter kennen- und schätzen gelernt. Meine Vermieter hatten mich – mit einer gewissen Verzweiflung in der Stimme – gebeten, doch bitte ein Auge darauf zu haben, wer oder was sich ständig an ihrem Gartengemüse gütlich tat. In einer Umgebung, in der frische Lebensmittel selten sind, wiegt ein Bund Petersilie wie Gold, und ich verstand, wie unglücklich sie über angefressene Karotten und Kohlköpfe waren. In der Nacht, in der ich vom halleyschen Sternenguckerplatz zurückkam, blieb ich in der Dunkelheit auf der Terrasse sitzen und wartete auf den Morgen. Keine fünf Minuten nachdem ich mich niedergelassen hatte, sah ich, wie die Tür des Nachbarhauses aufging, der Besitzer heraustrat und sich vorsichtig umschaute. Ein Streifen Licht aus dem Inneren des Hauses fiel über zwei Treppenstufen bis hinunter in seinen Garten, der entweder weniger fruchtbare Erde enthielt als der, vor dem ich saß, oder einen Besitzer hatte, der sich nicht annähernd so viel Mühe gab wie Val und Pat. Ich muss in der Dämmerung nicht zu erkennen gewesen sein, denn offenbar glaubte er sich unbeobachtet. Er öffnete die Tür noch einen Spalt weiter, und ich konnte erkennen, wie von seiner Seite ganz selbstverständlich – und als ob es den Weg schon lange kennen würde – ein fettes Kaninchen in unseren Garten herüberhoppelte, die saftigen Salatköpfe fest im Blick. Mit offenem Mund sah ich zu, wie Mümmelmann sich mit den Vorderpfoten an einem der Köpfe geradezu hochzog, seine Schnauze in die leckere Mitte steckte und zu fressen begann. Auch wenn das ein wirklich herziges Bild war, so war ich mir doch absolut sicher, dass Val und Pat ihr Gemüse liebend gerne selber vertilgt hätten. Also klatschte ich in die Hände und lief auf das Kaninchen zu, das mit genervtem Satz kehrtmachte, in beachtlichem Sprint in den gegnerischen Garten zurücklief und – ebenso wie sein Besitzer – in einer Millisekunde hinter der geschlossenen Tür verschwunden war. Erst jetzt begriff ich, dass ich es mit einem zahmen, gut trainierten Hauskaninchen zu tun hatte, welches ein Gutteil seines imposanten Gewichtes den Kirschen in Nachbars Garten verdankte.

Die Hände in den Hüften, stand ich kurze Zeit später vor dem Besitzer des Banditenkaninchens und fragte ihn, wie er sich das weitere Vorgehen in dieser Sache vorstelle. Als Antwort reckte er sich ein bisschen, um über mich hinweg bis in meinen Garten sehen zu können: »Wie viele Kohlköpfe sind denn noch da?«

Ich musste mich sehr anstrengen, nicht laut loszulachen, als er darauf hinwies, dass sein Garten bereits im wahrsten Sinne des Wortes abgegrast sei und die Preise für Frischgemüse ein Kaninchen als Haustier nicht zuließen, er es aber einfach nicht übers Herz bringe – wie ursprünglich geplant –, einen Braten daraus zu machen.

Hoppel wurde nicht weiter strafrechtlich verfolgt, aber sein Besitzer musste Val und Pat hoch und heilig versprechen, das Grünzeug für sein Haustier in Zukunft auf einer der Farmen zu erstehen, wenn ihm an einem guten nachbarschaftlichen Verhältnis gelegen sei.

Meine Gastgeber waren in jeder Hinsicht ein Geschenk des Himmels. Val war durch ihre Arbeit in der Stadt über alles informiert, was mich auf der Insel interessieren könnte, ihr Mann fungierte als einer der Wanderführer der Insel und zeigte mir Stellen, die mir allein verborgen geblieben wären. Wir wanderten gemeinsam über Deadwood Plain, einer Gegend, in der noch immer der St.-Helena-Regenpfeifer brütet, ein Vogel, der ausschließlich auf St. Helena zu finden ist.

Als Resultat des Burenkrieges wurde die Ebene von Deadwood Plain in den Jahren 1900 bis 1902 von den Briten als Internierungslager benutzt. Drei Reihen Stacheldraht umfassten ein Camp aus Zelten und extra angepflanzten Zedern, die als Windbrecher dienen sollten. Ein Schiff nach dem anderen brachte mehr und mehr Kriegsgefangene aus Südafrika, bis schließlich ein zweites Lager in Broad Bottom hinzugenommen werden musste, um knapp 6000 Gefangene aufzunehmen, die die Einwohnerschaft

St. Helenas mehr als verdoppelt hatte. Die Transvaaler fanden sich auf Deadwood Plain wieder, Kriegsgefangene aus dem Oranje-Freistaat wurden in Broad Bottom untergebracht. Die Männer mussten bei Regen und Kälte wie brütender Sonne in Zelten ausharren, nur Offiziere erhielten feste Häuser als Quartiere. 180 Südafrikaner starben in den Lagern. Sie wurden auf dem abgeschiedenen Buren-Friedhof von Knollcombes zur letzten Ruhe gebettet. Ich habe diesen Ort gerne und oft aufgesucht, weil sein sanfter grüner Hügel und die terrassenartig angelegten Gräber mit den schneeweißen Umrandungen eine ganz besondere Atmosphäre der Melancholie, aber auch der Würde ausstrahlen. Hier ruhen auch die sterblichen Überreste Hudson Janischs, des ersten Gouverneurs St. Helenas, der selbst auf der Insel geboren war.

Bei einem gemeinsamen Essen – zur Abwechslung in einem Restaurant, das mangels Versorgungsmöglichkeiten zwar nur an zwei Tagen der Woche geöffnet wurde, aber lecker kochte – erklärte Val den anderen am Tisch, wer ich sei und woher ich komme, worauf ich erzählen musste, welche Sehenswürdigkeiten ich bereits besucht und was mir am besten gefallen habe.

Ich konnte mich nicht auf eine beschränken, schlug aber vor, mich zu kontaktieren, sollte jemals ein Mangel an Gouverneuren für die Insel bestehen. Plantation House, die Residenz des Vertreters Seiner Majestät, hatte es mir tatsächlich angetan, dort würde ich jederzeit einziehen. Auch weil Hudson Lowe, Napoleons leiser und zivilisierter Kerkermeister, eine Bibliothek hatte anbauen lassen, mit deren Inhalt ich mich gerne für längere Zeit beschäftigen würde.

Der große weiße Bau aus dem 18. Jahrhundert liegt in völliger Sonntagsruhe auf einer breiten Wiesenschneise, flankiert von hohen Bäumen, als wäre es für die Filmkulisse einer Jane-Austen-Verfilmung erbaut worden. Auf einer großen Wiese vor dem Haus traf ich auf Jonathan, den ältesten Bewohner St. Helenas. Jonathan ist eine Riesenschildkröte, deren Alter auf etwa ungefähr 180 bis 200 Jahre geschätzt wird. Wenn die höhere Zahl stimmt, würde Jonathan schon Haustier von Plantation House gewesen sein, als Hudson Lowe sich täglich über seinen berühmten Gefangenen ärgern musste. Ich wünschte, er könnte mir von Lowe erzählen, einer Persönlichkeit, der ich gerne selber begegnet wäre. Nicht, weil er die Launen seines Gefangenen ertrug, sondern weil er auf einer Insel, die sich für die Ausübung schwerer Arbeit ausschließlich auf Sklaverei stützte, menschenfreundliche Reformen einleitete, bis auch hier dieses dunkle Kapitel der Weltgeschichte Vergangenheit war. Er erlebte nicht mehr, dass die Insel in der Mitte des 19. Jahrhunderts eine zentrale Rolle bei der Aufnahme von 25 000 befreiten Sklaven spielte, die in ihre Länder zurückgeführt werden sollten. Viele blieben auf der Insel und formten gemeinsam mit Chinesen, Buren und anderen Europäern die besondere Art Mensch, die sich heute Saints nennen dürfen. Einem Mann, der ein solches Umdenken tatkräftig eingeleitet hatte, würde ich in der Tat gerne begegnen.

Das sagte ich auch den Saints rund um meinen Tisch.

»Und Boney hättest du nicht treffen wollen?«, wollte Val wissen.

»Frag mich das noch mal, nachdem ich Longwood House gesehen habe«, antwortete ich.

»Wie? Du warst noch nicht in Frankreich?«, fragte Pat ungläubig. »Napoleons Häuser sind sonst das Erste und oft auch das Einzige, was die Mehrzahl der Touristen sich auf St. Helena ansieht.«

Die Orte, die heute mit Napoleons Zeit auf St. Helena assoziiert werden, sind sämtlich *domaine nationaux*, und die Ländereien erstrecken sich mittlerweile über 16 Hektar.

The Briars, das Haus, in dem Bonaparte die ersten zwei Monate nach seiner Ankunft lebte, Longwood House, in dem er die Jahre von 1815 bis zu seinem Tode 1821 zubrachte und sein – heute leeres – Grab, hatte ich für Regentage auf dem Speisezettel gehabt, aber die waren einfach nicht gekommen, und so war ihre Besichtigung immer weiter nach hinten gerutscht. Der Blick auf den Kalender erklärte mir jedoch überdeutlich, dass ich mich sputen musste, wenn ich diese denkwürdigen Plätze tatsächlich noch sehen wollte.

Gleich am nächsten Morgen besichtigte ich den kleinen Pavillon von The Briars, in dem »Boney« wohnte, bis Longwood leidlich hergerichtet war. Hier, bei Familie Balcombe, hat er sich offenbar nicht nur wohlgefühlt, sondern sich auch mit der 13-jährigen Betsy angefreundet, deren Mutterwitz, Verstand und Lebensfreude sich auf ihn übertrugen und ihm glückliche Tage bescherte. The Briars liegt in einem üppig grünen Tal, geschützt vor scharfen Winden. Das Plateau, auf dem Longwood House liegt, ist von allen Seiten dem schlechten Wetter ausgesetzt, das schneidende Winde vom Atlantik aus vor sich hertreiben. Ich hatte Longwood unter regennassem, verdunkeltem Himmel erleben wollen, um besser verstehen zu können, warum Napoleon diesen Platz so sehr gehasst hat. Stattdessen strahlte die Sonne vom Himmel, und der gepflegte Garten grünte und blühte. Alles wirkte einladend, friedlich und absolut nicht wie ein Gefängnis – aber ich war auch aus freien Stücken hier und wurde nicht auf Schritt und Tritt vom Militär beobachtet. Ich durfte von der Insel herunter, wenn ich dies wollte, und musste mein Haus nicht mit einer ganzen Entourage teilen, von denen die Hälfte für ihr Leben gerne überall, nur nicht hier, gewesen wäre. Napoleon sah sich unangemessen schlecht behandelt und war notorisch beleidigt, dazu kamen sein sich verschlechternder Gesundheitszustand und das Wissen, Frankreich nie wiedersehen zu können, wenn die Meinung der Herrscher Europas über ihn nicht gnädiger werden würde. Ich stellte mir vor, wie sich die hundertste, die tausendste und die abertausendste Runde durch den Garten anfühlte, unter ständiger Beobachtung und mit der Gewissheit, dass alle auf mein Ableben warteten. Eine Vorstellung, die auch einen edleren Charakter als einen Unterdrücker Europas hätte depressiv werden lassen können. In einem Laden in Jamestown erstand ich ein Gemälde, das die dunkelgrünen Fensterläden von Longwood zeigt, in die Napoleon in Augenhöhe zwei Löcher hat bohren lassen, um bei geschlossenem Fenster seine Beobachter beobachten zu können. Katz-und-Maus-, Hase-und-Igel-Spiele, die lange Tage nicht sinnvoll füllen können. Napoleons Auge, umrahmt von tiefem Grün, dominiert das Bild und den Betrachter, verdeutlichen aber auch die ganze Hoffnungslosigkeit und Sinnlosigkeit einer sich selbst überlebenden Existenz.

Das Bild steht heute gerahmt in meinem Haus auf einer antiken Kommode, die gemeinhin als »Wellington Kabinett« bezeichnet wird und mit dem ich die beiden Gegner aus Waterloo und meine Erinnerung an St. Helena augenzwinkernd miteinander verbinde.

St. Helena schenkt jedem Besucher sein eigenes Buch, reich an Seiten. Die Insel erfüllte mir Inselträume, von denen ich vor meinem Besuch nicht wusste, dass ich sie gehabt hatte. Und sie weckte den Wunsch in mir, eng mit ihr in Kontakt zu bleiben, befreundete Saints auch bei mir zu Hause zu empfangen, und meine Welt mit ihnen ebenso bereitwillig zu teilen. Deshalb sprach ich vor der Abfahrt von St. Helena nicht nur Einladungen aus, sondern legte am Ende meiner Reise eine neue Inselliste an, »Wo ich wohnen möchte«, und gab St. Helena den ersten Platz zurück.

St. Helena füllt Ihren Erinnerungskoffer mit ...

... dem Erlebnis, sich von einem Ort nicht aus eigener Entscheidung und Kraft verabschieden zu können und warten zu lernen, sich in Geduld zu üben. Auf St. Helena richtete sich die Zeit früher nach Ankunft und Abfahrt des Schiffes, jetzt bestimmt das wöchentliche Flugzeug den – etwas schneller gewordenen – Rhythmus,

... der heilsamen Erfahrung, wie unnötig es ist, sich jeden Wunsch sofort erfüllen zu können,

... der Erkenntnis, wie tief sich diese Insel durch weltgeschichtliche Ereignisse in unser aller Bewusstsein und unsere Kultur eingegraben hat.

Geschmackvolle Souvenirs:

✓ Fishcake, Fischboulette, ist eines *der* Rezepte der Insel. Es gibt sie in jedem Restaurant und bei jeder Feierlichkeit, bei jedem Straßenfest. Das Rezept zu Hause nachzukochen bedeutet, den typischen Geruch der Insel wieder in der Nase und ihren typischen Geschmack wieder im Mund zu haben.

- ✓ Briefmarken vom Inselpostamt. Wer sich von hier eine Postkarte schreibt, kann sicher sein, sie erst nach Heimkehr in Empfang nehmen zu können und dabei den Schauer der Erinnerung an den Moment des Absendens zu spüren, gekrönt von einer Briefmarke samt Stempel, die sie einzigartig macht.
- ✓ Eine Münze des St.-Helena-Pound könnte auch auf Ascension oder gar Tristan da Cunha verwendet werden …
- ✓ Der Stempel der *Post Box Walks* ist das sichtbare Zeichen vieler pittoresker Kilometer.
- ✓ St.-Helena-Kaffee, der Arabica der Insel gehört mit zu den leckersten – und teuersten – der Welt.

Vor dem Ein- oder nach dem Ausschiffen zu lesen:

Es gibt jede Menge Literatur über St. Helena – alle Bücher, die ich kenne, haben auf die eine oder andere Weise Napoleon zum Thema, und das, obwohl die Insel für Romane jeden Genres genug Vorschläge bereithält. Sollte jemand ein Buch finden, in dem Boney nicht die Hauptperson ist, bitte kaufen und direkt an mich schicken. Finderlohn!

Bis dahin lese ich noch einmal die Bücher, in denen ich die Insel ebenso vertreten sehe wie den berühmten Franzosen selbst.

Die österreichische Journalistin Rosemarie Marschner beschreibt in ihrem historischen Roman *Die Insel am Rande der Welt* das Leben Napoleons und seiner Trabanten akribisch und äußerst geschickt. Ich habe beim Lesen ein ums andere Mal vergessen, dass ich kein Geschichtswerk in der

Hand halte, sondern eine Fiktion, die sich auf Geschichte aufbaut.

Den nötigen geschichtlichen, aber dennoch beruhigend ähnlichen Blick bekommt man durch Julia Blackburns *Des Kaisers letzte Insel*. Die Autorin zeichnet ein Bild der Insel, die vieles aushalten musste und dabei auch Napoleon ertragen lernte, der allerdings den Gleichmut St. Helenas ihm gegenüber seinerseits nur schwer ertragen konnte. Verzweifelt versuchte er, Allüren und Rituale seiner Glanzzeit in die Eintönigkeit des Exils hinüberzuretten, um der eigenen Schuld nicht ins Auge sehen zu müssen oder sich gar als normaler Mensch begreifen zu lernen. Statt ein neues Format als ganz normaler Mensch zu entwickeln, strickt er auf Longwood an seiner Legende und stirbt mit der Vorstellung, dass die Nachwelt in einigen Generationen besser über ihn denkt als die Völker, die seinerzeit unter ihm litten – und behielt damit absolut recht.

Mit Jean-Paul Kauffmann besuchte ein Franzose Napoleons ehemaliges Gefängnis, der aus eigener Anschauung weiß, was es heißt, seiner Freiheit beraubt zu sein. Der Journalist und Schriftsteller wurde 1985 im Libanon zusammen mit Michel Seurat als Geisel genommen. Er verbrachte drei Jahre in Gefangenschaft unter Bedingungen, die Seurat das Leben kosteten. In *Die dunkle Kammer von Longwood* lesen wir also nicht nur die Gedanken eines Landsmannes über den anderen, sondern lernen, auch offen und zwischen den Zeilen den Ängsten, der Ausweglosigkeit und der Tristesse des Lebens eines politischen Gefangenen nachzuspüren.

Thomas Keneally ist ein australischer Autor, der schon mit *Schindlers Liste* beeindruckte. In *Napoleon's Last Island* erzählt Betsy Balcombe aus The Briars die Geschichte des Exils aus ihrer Sicht. Allein durch den Wechsel der Namen, die sie ihrem »Spielkameraden« gibt, ändert sich das Bild, dass ihre Familie, sie und die Leser von Napoleon haben: aus dem *Great Ogre*, dem mächtigen Ungeheuer, wird Boney, aus dem »allbekannten Dämon« und »wilden Machthaber« der »strahlende Glanz« und schließlich *O.G.F.* für *Our Great Friend*, ein großartiger Freund. In einer Zeit, in der die offizielle Anrede auf Verlangen der britischen Regierung »General Bonaparte« lauten soll, um Napoleon zu zeigen, welchen Status sie ihm noch erlauben, kommen die Freundschaftsbezeichnungen einer echten Fraternisierung gleich. Deshalb bleibt auch der Schatten dieser ungewöhnlichen Beziehung für immer auf Betsys Familie liegen und wird zur Last. Sie kehren St. Helena den Rücken, um nach Australien auszuwandern. Ein anrührender Roman über ungewöhnliche Freundschaften, daraus entstehende Feindschaften und der Ohnmacht des Einzelnen vor den Launen des Schicksals, auch Weltpolitik genannt.

Die Gedanken sind frei

Robben Island

TAFELBUCHT, KAPSTADT, SÜDAFRIKA

Am 1. November 1989 stand ich zum ersten Mal auf dem Tafelberg und sah auf Kapstadt hinunter. Ich war nicht heraufgekommen, um die Schönheit der Stadt zu bewundern, sondern um in der Ferne die Insel erkennen zu können, die so berühmt war wie keine andere in Afrika und auf die trotzdem niemand freiwillig seinen Fuß setzte: Robben Island.

Ich kam mir vor wie eine Touristin, die am Brandenburger Tor auf eine der Aussichtsplattformen hinaufgeklettert ist, um über die Mauer zu schauen, auch wenn der kurze Blick in eine real existierende, sozialistische Welt keine wirklichen Einsichten erlaubte. Weder im realen noch im übertragenen Sinne.

Ich schickte Stoßgebete auf die Insel hinüber, auf der Nelson Mandela einen großen Teil seines Lebens in Gefangenschaft zubringen musste und auf der zu diesem Zeitpunkt noch immer viele politische Gegner des Apartheidsregimes ihr Leben fristeten. Ganz gleich ob die halbe Welt um Freilassung oder Hafterleichterungen für die Insassen bat, ungeachtet der internationalen Boykotte gegen das Land, schien die Regierung in Pretoria das südafrikanische Alcatraz nicht schließen zu wollen.

Ich versuchte zu ermessen, wie schwer es sein musste, dieses perfekte Ensemble aus Berg und Stadt von der Insel aus vor Augen zu haben, sich das pulsierende Leben vorzustellen und zu wissen, dass eiskalte Wasser und starke Strömungen einen Fluchtversuch unmöglich machten. Freiheit in Sichtweite, aber dennoch unerreichbar, ist besonders schwer zu ertragen. Das spürte ich bei jedem Besuch meiner Freunde und Verwandten jenseits der Mauer, wenn ich mich abends an der Grenzübergangsstelle Friedrichstraße von ihnen verabschiedete – an dem Gebäude, das im Volksmund nicht grundlos »Tränenpalast« hieß.

Ich hatte in der Woche vor meinem Besuch auf dem Tafelberg meine Brieffreundin in Bloemfontein getroffen und nächtelang mit ihr diskutiert, ob die Welt sich zum Besseren ändern und Regierungen Einsicht zeigen könnten, ohne auf irgendeine Weise dazu gezwungen zu werden. Wie kann Zwang ausgeübt werden, wenn nicht zu denselben Waffen gegriffen werden darf, mit denen böswillige Machthaber so erfolgreich ihre Völker unterwerfen? Wie lange lassen sich Bürger Unterdrückung gefallen, bis aus mündlichem Protest kampfbereite Gegenwehr wird? Ich erzählte von den Montagsdemonstrationen in Leipzig und den Aktivitäten der Kirchen in Berlin, aber auch von der Angst meiner Freunde vor dem Umschlagen der Stimmung – bei den Demonstranten oder der Regierung.

Priscilla sprach über den ANC, den African National Congress, und seinen militanten Flügel, der sich durch die Verzweiflung über die Unbeweglichkeit der Regierung gebildet hatte, die weder auf Appelle aus dem In- und Ausland noch auf gewaltlosen Widerstand und Zivilcourage mit Lockerungen der Apartheid reagiert hatte.

Bei der Festnahme der Männer um Nelson Mandela in ihrem Versteck in Rivonia, dem Vorort von Johannesburg, nach dem später der berühmte Prozess benannt wurde und der ihn und seine Mitstreiter nach Robben Island brachte, fand man Landkarten, die Anschlagsziele markierten, Absichtserklärungen zu bewaffnetem Widerstand und den Plan über die Operation Mayibuye, die unter anderem militärisches Eingreifen aus dem Ausland diskutierte.

»Unter den Festgenommenen waren Männer jüdischer und indischer Abstammung, Schwarze und Weiße«, sagte Priscilla. »Eigentlich der perfekte Beweis, dass wir alle zusammenarbeiten können, wenn wir ein Ziel haben.«

Die Regierung in Pretoria sah das nicht so, sondern klagte neun Männer des Hochverrats und der Verschwörung an und sprach acht von ihnen schuldig. Am 20. April 1964, dem letzten Prozesstag, hielt Nelson Mandela seine berühmt gewordene knapp fünfstündige Verteidigungsrede, die den Apartheidsstaat auf die Anklagebank setzte und mit den Worten endete: »Ich habe gegen weiße Dominanz gekämpft, und ich habe gegen schwarze Dominanz gekämpft. Ich habe das Ideal einer demokratischen und freien Gesellschaft, in der Menschen in Harmonie und mit gleichen Chancen leben können, stets hochgehalten. Es ist ein Ideal, für das ich lebe und das ich zu erreichen hoffe. Aber wenn es sein soll, dann ist es auch das Ideal, für das ich bereit bin zu sterben.«

Meine Brieffreundin und ich waren uns einig, dass vor allem die weltweiten Proteste und die Sanktionen durch den UN-Sicherheitsrat das Apartheidsregime von der Vollstreckung der Todesstrafe abgehalten hatte und dass sich viele Südafrikaner nach nunmehr 25 Jahren wünschten, die Männer endlich frei zu sehen und das Ansehen ihres Landes in der Welt wieder zurückzugewinnen.

Priscilla fragte: »Du liebst Berlin. Was wäre das unwahrscheinlich Schönste, was dir und deiner Stadt passieren könnte?«

Ich musste nicht überlegen. »Ich träume davon, *im* Brandenburger Tor zu stehen und mich mit meiner Freundin Andrea zu treffen. Ich stelle mir vor, wie wir uns entgegenkommen, eine aus dem Osten und eine aus dem Westen, und wie wir gemeinsam an der Innenseite des Gebäudes unsere Stirn kühlen. Und weit und breit keine Mauer und kein Grenzsoldat, der auf uns anlegt.«

Priscilla gefiel das Bild, hielt es jedoch für ebenso unwahrscheinlich wie ich. »Auf Südafrika übertragen hieße das: Weiße und Schwarze reichen sich friedlich die Hände und akzeptieren irgendwann sogar einen farbigen Präsidenten«, sagte sie. »Das nennt man dann wohl eine ›Utopie‹«, und fügte hinzu: »Träum weiter!«

Ein Vierteljahrhundert und zwei verwirklichte Utopien später bestieg ich ein Boot, das mich von Kapstadts Hafen aus nach Robben Island bringen sollte. Die Insel war mittlerweile Museum, politisch-historische Bildungsstätte und UNESCO-Weltkulturerbe geworden. Ich hatte mich Monate vorher für einen Platz auf dem Boot anmelden müssen, denn seit Mandelas Tod war die ehemalige Gefängnisinsel zu einer Wallfahrtsstätte für all diejenigen geworden, die sein Leben und Wirken als Ermutigung empfinden sowie ein Ausflugsziel für die, die einfach neugierig sind, wie der berühmte Mann dort gelebt hat. Auf dem Weg zum *Nelson Mandela Gateway*, der Abfahrtsstelle des Bootes, war ich an der Waterfront an den Bronzestatuen vorbeigekommen, mit denen Kapstadt die vier Südafrikaner ehrt, die den Friedensnobelpreis erhalten haben: Häuptling Albert Luthuli, Erzbischof Desmond Tutu, Präsident Frederik Willem de Klerk und Nelson Mandela. Nur Letzterer kannte die Insel, die ich besuchen wollte, aus leidvoller Erfahrung.

Ich sammele Inseln, um ihre Schönheit zu genießen, die Eigenheiten einer abgeschlossenen Gemeinschaft kennenzulernen und manchmal auch, um zu faulenzen und den Lauf der Welt für ein paar Tage gänzlich zu ignorieren. Robben Island wollte ich besuchen, um begreifen zu können, wie man dort Tag für Tag, Jahr für Jahr im Gefängnis gelegen haben kann und dennoch von Vergebung spricht; wie man an einem solchem Ort Weisheit erwerben kann und nach langer Haft so viel Lebensfreude ausstrahlt, dass sie den ganzen Erdball erreicht.

Inseln wie Robben Island scheinen sich den Mächtigen der Welt als Strafkolonie geradezu anzubieten. Das Leben jedes einzelnen Gefangenen auf Brasiliens Ilha Grande, Italiens Santo Stefano oder Frankreichs Teufelsinsel könnte uns die Geschichte dieser Länder lebendiger in die Gänsehaut schreiben als jedes Schulbuch. Eine solche Geschichtsstunde erhoffte ich mir von Robben Island.

Die Insel wurde seit dem 16. Jahrhundert von den Niederlanden und England gleichermaßen genutzt, um sich all derer zu entledigen, die man bestrafen oder aus den Augen und damit aus dem Sinn haben wollte. Kriminelle, Andersdenkende, Leprakranke und psychisch instabile Menschen wurden im Laufe der Zeit auf die Insel abgeschoben. Ab 1961 kam, wer als schwerkriminell galt – und das waren unter der Apartheid vor allem politische Gegner nicht weißer Hautfarbe. In den 30 Jahren bis zur Schließung des Gefängnisses wurde Robben Island so für etwa 3000 Männer gelebtes Schicksal.

Ich wusste, einer von ihnen, Sipho, würde mich auf der Insel erwarten und mir nicht nur die Gebäude zeigen, sondern auch seine Erfahrungen schildern und Fragen beantworten. Ein Angebot, das kühlen Fakten Gefühl und Leben einhaucht und auf das ich mich – ungeachtet des Themas und des Ortes – besonders freute.

Trotz der frühen Morgenstunde war das Boot gut gefüllt mit Familien, kleinen Gruppen und einer Schulklasse, die erwartungsvoll über den Tag auf der Insel redete. Ein etwa zwölfjähriger Junge stöhnte über die Last eines Schulaufsatzes über den Dissidenten Robert Sobukwe, der bereits 1963 auf der Insel festgesetzt worden war und dort in einem völlig isoliert stehenden Haus in strikter Einzelhaft leben musste: »Der hat so viel gemacht, über den gibt es so viel zu schreiben.«

Eine junge Frau war mit ihrem Freund unterwegs, um den früheren Arbeitsplatz ihres Onkels zu sehen: »Er hat jahrelang in der Administration gearbeitet und kann gar nicht aufhören, davon zu erzählen. Ich glaube, er versteht nicht mehr, wie er das machen konnte. Er war nie wieder drüben. Ich fahre hin, um ihm zu erzählen, wie es heute aussieht.«

Ich unterhielt mich mit einem Ehepaar, das die Regenbogennation wörtlich genommen und weiß und schwarz zärtlich kombiniert hatte. »Heute ist unser 20. Hochzeitstag«, erklärte mir der Mann und sah dabei so glücklich aus, als würde er über 20 Tage reden. »Wir sind zur Feier des Tages hier. Ohne Männer wie Nelson Mandela, ohne das Ende der Apartheid hätten wir niemals heiraten dürfen. Das sollte einen Besuch wert sein.«

Je weiter das Boot sich vom Hafen entfernte, desto grandioser wurde der Blick zurück.

Der Tafelberg war mit einem Tischtuch aus Wolken bedeckt, das in der Sonne leuchtete, als wäre es frisch gewaschen und gestärkt worden. Ich sprach mit meinem

Banknachbarn darüber, wie sehr dieser Anblick die Sehnsucht nach der eigenen Familie wachgehalten haben muss, die auf dem Festland versuchte, ihr Leben so normal wie möglich weiterzuleben, obwohl der Vater, Ehemann oder Freund im Gefängnis saß.

Die Gleichzeitigkeit des Alltags lässt eine Hochzeit neben einer Beerdigung stehen, die Qualen von Robben Island neben einer entspannten Wanderung auf den Tafelberg. Während ich die Freiheit habe, eine Insel der Unfreiheit zu besichtigen, tanzen anderswo gerade Menschen auf ihrem persönlichen Vulkan, setzen sich für ihr Land ein, zeigen Rückgrat oder bekommen es gebrochen. Es ist, als stehe man an einer Ampel und warte gemeinsam mit vielen anderen Menschen auf Grün. Jeder Einzelne steht mit seiner Geschichte da, trägt seine Lasten, seine Freuden, seine Überzeugungen. Für einen winzigen Moment der Geschichte warten alle auf das Zeichen, sich in Bewegung zu setzen. Aber einer geht früher los, will nicht warten, bis die Ampel umschaltet und die große Masse folgt. Es liegt im Auge des Betrachters, ob man diese Person für mutig hält oder in ihr einen Gesetzesbrecher sieht, der sich weigert, einmal aufgestellte Regeln als gegeben hinzunehmen, und deshalb bestraft werden müsste.

Robben Island stand im Ruf, bei diesen Bestrafungen Verhältnismäßigkeit und Menschenwürde außer Acht gelassen zu haben: Folter, Elektroschocks, Behandlungen, die ich nicht niederschreibe, weil simples Lesen darüber den Qualen nicht gerecht würde.

Ich wollte nicht nur das Gefängnis besuchen, sondern einen Eindruck von der gesamten Insel bekommen, und bestieg deshalb nach meinem Eintreffen einen der Busse, die durch

Rundfahrten Überblick über die gesamte Geschichte Robben Islands und das Leben der weißen Bewohner geben. An der Außenwand meines Busses stand: *Driven by Freedom*, »Angetrieben durch Freiheit«. Die Zweideutigkeit des Slogans ließ mich schmunzeln über die feine, frische Art, mit Geschichte umzugehen.

Ich sah die schmucken Häuser der weißen Angestellten, der Wärter und ihrer Familien, eine Kirche, eine Moschee, einen malerischen rot-weiß gestrichenen Leuchtturm, das Gästehaus aus dem Jahre 1895, in dem schon Berühmtheiten wie Barack Obama übernachteten. Alles wirkte, als befänden wir uns auf einer ganz normalen Insel, die sich eine andere Vergangenheit gewünscht hätte – bis ich den Friedhof der Lepraopfer sah und den Steinbruch besuchte, in dem die Gefangenen tagein, tagaus schuften mussten. Eine Zivilisationskriegerin wie ich wäre dort am ersten Tag zerbrochen.

Deshalb war Sipho, der Zeit-, Augen- und Leidenszeuge, der uns anschließend durch das ehemalige Gefängnis führte, für mich Aufklärer und Hoffnungsträger zugleich. Sipho hatte zwar mehrere Jahre in Robben Island eingesessen, sich aber trotzdem als Freiwilliger für das große Versöhnungswerk der Regenbogennation gemeldet, zu dem Mandela aufgerufen hatte.

Er empfing uns vor dem Eingang zum Hauptgebäude, im hellblauen Shirt der Guides, mit Sonnenbrille und Baseballkappe. Ein eher kleiner, gut gelaunter Mann, der wohltuend durchschnittlich wirkte und gerade dadurch deutlich machte, dass hier keine vermeintlichen Helden eingesperrt wurden, sondern es auch den Mann von der Straße treffen konnte, der sich bei den Autoritäten über eine Ungerechtigkeit der Apartheid zu laut und zu eindringlich beschwerte.

Sipho rieb sich einladend die Hände, als unsere Gruppe aus dem Bus stieg. »Willkommen, willkommen«, sagte er in Afrikaans, Englisch und isiZulu und fragte dann nach unseren Nationalitäten. Wir waren 20 Leute aus acht Nationen. Unsere Hautfarben hätten ein wunderbares Testbild ergeben.

Wir betraten den *Prison Precinct* durch eine doppelte Stacheldrahtumzäunung mit einem meterbreiten Zwischenraum, wie er mir aus Berlin noch schmerzlich in Erinnerung war – die Ideen der Mächtigen unterscheiden sich nie wesentlich. Das zeigte sich auch im administrativen Trakt, am Büro des Zensors. Wie fühlt man sich in einem Beruf, in dem man täglich die Sorgen, Nöte und Liebesschwüre anderer mit seinem Siegel abstempelt oder entscheidet, sie dem Adressaten gänzlich vorzuenthalten? Ich hatte mir diese Frage schon vor dem Fall der Mauer nicht beantworten können, wenn einige meiner Briefe an meine Freundin Andrea für die knappen fünf Kilometer Luftlinie zwischen unseren Häusern mal wieder vier Wochen Strapazen zu überwinden gehabt hatten.

Ob es bei Sipho Beklemmungen auslöste, Touristen durch das ehemalige Gefängnis zu führen, seine frühere Zelle zu sehen?, wollte ich wissen.

»Am Anfang schon, aber das verging schnell. Ich bin ja freiwillig hergekommen. Ich bin jetzt der Wärter meiner Geschichte. Einer Geschichte, die sich nicht wiederholen darf. Nicht hier, nicht anderswo in Südafrika. Sollte es irgendwo wieder geschehen, kann unser Weg, uns durch gegenseitigen Unterricht Würde zu geben, uns gegenseitig *food for thought* zu sein, anderen hoffentlich ein Beispiel geben«, sagte er.

Dann erwähnte er den Gefangenen 183/72 namens Sonny Venkatrathnam, der eine einbändige Shakespeare-Gesamtausgabe, die verräterischen Buchdeckel hinter knallbunten hinduistischen Diwali-Lichterfest-Karten versteckt, als sein Gebetbuch ins Gefängnis schmuggelte und deshalb behalten durfte. Dieser Shakespeare wanderte von Zelle zu Zelle, von der Hand eines Gefangenen in die des nächsten und wurde später als »Robben Island-Bibel« bekannt. Venkatrathnam forderte seine Kameraden auf, jene Stellen mit ihrem Namen zu markieren, die für sie besonders wichtig oder tröstlich waren.

Nelson Mandelas Wahl fiel auf *Julius Cäsar*, als dieser allen Warnungen zum Trotz tut, was er für richtig hält und zum Kapitol und in den gewaltsamen Tod geht: »Cowards die many times before their death, The valiant never taste of death but once …«, »Der Feige stirbt schon vielmal, eh er stirbt, die Tapfern kosten einmal nur den Tod …«

Während wir über den Hof gingen, in dem die Gefangenen Steine geklopft hatten, erklärte Sipho, wie sie sich langsam und über Jahre den Respekt ihrer Aufpasser erworben hatten. »Nicht nur, weil wir trotz des Lebens hier nicht unsere Einstellung zur Apartheid änderten, sondern weil wir immer höflich waren, uns nicht abfällig oder herabwürdigend über sie äußerten. Kein Mensch kann beständig mit Verachtung auf Wohlwollen anderer reagieren. *Kill them with kindness* ist eine liebenswürdige, aber wirksame Waffe.«

»Aber dazu muss man auch in der Lage sein«, wandte ich ein. »Ich fürchte, ich hätte mich nicht immer unter Kontrolle haben können.«

Sipho gab unumwunden zu, seinen Peinigern mehr als einmal die Pest an den Hals gewünscht zu haben. Ich fasste die Taktik zusammen: »Wir wollten nicht gut sein, wir wollten klug sein.« Sipho lachte und hob den Daumen.

Während wir durch die verschiedenen Innenhöfe und Sektionen gingen, erklärte er uns, wie fein ausgeklügelt das System der Belohnung und Bestrafung durch die Wärter funktioniert hatte. Eine Gruppe von Sträflingen durfte Zucker kaufen oder sich selbst Tee machen, andere hatten diese Möglichkeit nicht. Sogar das Essen und die peinlich abgewogenen Mengen wurden nach Hautfarben verteilt. Einem Mann asiatischer Herkunft, also hellerer Hautfarbe, stand mehr Fleisch zu als einem »Bantu«; ein Mann mit kurzer Haftstrafe bekam Sirup zugeteilt, die anderen nicht. Aber die Insassen wollten sich durch diese Art Klassengesellschaft nicht entzweien lassen, deshalb wurden die Sonderrationen gesammelt und dann – gerechter – wieder neu verteilt.

»Wir fanden Wege, uns miteinander auszutauschen, versteckten Zettel auf der Toilette oder gaben im Steinbruch Zeichen der Ermutigung. Wir waren höflich zu unseren Peinigern, bis es ihnen peinlich wurde, uns kleine Bitten abzuschlagen. Wir bestachen das Küchenpersonal, bis sie für uns in ihren Töpfen nicht nur Essen, sondern auch Nachrichten weitertrugen.«

Sipho ließ uns Zeit auf unserem Rundgang, wartete an verschiedenen Stellen auf uns, um etwas zu erklären, ließ unseren eigenen Gedanken Zeit und Raum. Ich dachte vor allem an die weißen Wärter, die im wahrsten Sinne des Wortes nicht aus ihrer Haut konnten. Erzogen mit und durch die Rassenschranken, waren viele überzeugt von ihrem Recht, zu demütigen, zu prügeln, zu beleidigen, sogar zu foltern.

Allein die Vorstellung, dass sie Menschen bis zum Hals eingruben und dann auf den Kopf der hilflosen Opfer urinierten, machte mir schmerzlich klar, wie weit sie sich durch ihren unmenschlichen Arbeitsauftrag selbst zu entwürdigen bereit waren. Auch das ein Phänomen, für das mein eigenes Land mehr als ein Beispiel kennt.

Unser ehemaliger Sträfling hob beruhigend die Hand: »Keine Angst, wir haben gelernt, solche Dinge zu vergeben. Diese Männer dürfen sich wieder als Menschen fühlen.«

»Und wie fühlst du dich?«, fragte ich.

»Am Anfang ist es schwer gewesen. Da willst du jemanden finden, der dir die Jahre zurückgibt«, antwortete er. »Dann begreifst du, dass es wichtiger ist, gerade deshalb doppelt zu genießen. Jeden Moment Lebensfreude zu schenken und zu suchen – nicht dich selber einzuschließen. Wenn dein Körper frei sein kann, tut es dem Herzen nicht gut, es durch Rachegefühle wieder einzusperren. Du bist dann zwar deine Wärter los – aber wirst dein eigener.«

Wir gingen durch die Gemeinschaftszellen, in denen bis zu 70 Männer gleichzeitig untergebracht worden waren. Da blieb kein Platz für Ruhe, geschweige denn Privatsphäre. Dennoch erschienen sie mir erträglicher als die Einzelzellen, in denen man zwar ständiger Beobachtung durch die Wärter ausgesetzt war, aber keinerlei Zuspruch erwarten durfte.

Führungspersönlichkeiten des ANC wie Nelson Mandela, Walter Sisulu oder Govan Mbeki und Ahmed Kathrada erschienen dem Regime besonders gefährlich und wurden deshalb in Isolation gehalten.

Nach der deutschen Tierschutz-Hundeverordnung muss der Zwinger eines Hundes mit mehr als 65 Zentimetern Widerristhöhe mindestens zehn Quadratmeter Bodenfläche ausweisen. Die Zellen der Männer im Hochsicherheitstrakt auf Robben Island waren weniger als halb so groß und bargen nichts als eine Matte zum Schlafen, einen Hocker, Blechtasse und -teller und einen Latrineneimer.

Ich wartete, bis alle anderen weitergegangen waren, bevor ich mir Zelle 9 des Häftlings 466/64, Nelson Mandela, genauer ansah. Sie war leer: Das Fenster ging auf einen trostlosen Innenhof hinaus. Grelles Sonnenlicht zeichnete das Muster der Gitterstäbe auf Wand und Boden. Die Hitze muss im Sommer unerträglich gewesen sein. Schutz gegen die Feuchte des Winters war nicht zu entdecken. Ich fand nichts, was aufmunternd gewirkt hätte. Deshalb hoffte ich wider besseres Wissen, dass Mandela ein Regal hatte besitzen dürfen, um es mit Tröstlichem zu füllen – und sei es nur aus Gedanken gebaut und mit Ideen und Erinnerungen und reichen Plänen für die Zukunft gefüllt gewesen.

Ich hörte eine andere Gruppe kommen und suchte den Anschluss an meine. Auf dem langen Gefängnisgang klang jeder Schritt bedrohlich. Jedes Räuspern hallte nach.

»Laute, die man nicht zweifelsfrei als freiwillig erkennt«, sagte Sipho, »lehren eher das Fürchten, als das sie Gemeinschaft vermitteln. Es kann quälender sein, sich auszumalen, was einem Freund gerade angetan wird, als es selbst zu erleiden.«

Gespräche von Zelle zu Zelle waren verboten. Wenn einer nie spricht, fragte ich mich, wann verliert der seine Stimme? Wer nie Beruhigendes erlebt, wann wird der taub für Gefühle? Wann stirbt die Erinnerung an ein normales Leben, wenn es sich über Jahre außerhalb der menschlichen Norm bewegt?

Auf meine Frage, was für ihn die größte Belastung gewesen sei, schwieg Sipho einen Moment, dann nickte er, als wäre er zu einem Ergebnis gekommen: »Ich fürchtete mich vor Besuchen von zu Hause. Jedes Mal dachte ich: Wie schaffst du es auszuhalten, deine Familie zu sehen und sie in eine Zukunft ohne dich zurückkehren zu lassen? Ich konnte mich an alles gewöhnen, aber die Tage nach einem Besuch von daheim, die waren die schlimmsten.«

Das junge Paar vom Boot ging im Hochsicherheitstrakt Hand in Hand an mir vorbei. Das Kleid der Frau war ein bunter Farbklecks neben dem Grau der Wände und Flure. Als würde sie meinen Blick in ihrem Rücken spüren, blieb sie stehen und kam ein paar Schritte zurück. »Das alles ist Vergangenheit!«, rief sie und strahlte. »Es ist Gott sei Dank Vergangenheit!«

Eine lebendige Vergangenheit, denn gleich darauf wurden wir alle in den Raum gebeten, in dem die Insassen nach einer allerersten Lockerung des Strafvollzugs zusammenkamen und sich gegenseitig unterrichteten, aufrichteten, durch Wissen und Wissensdurst Kraft spendeten.

In diesem Raum lernten Männer lesen und schreiben, manche machten Hochschulabschlüsse. Worte sind wehrhafte Schilder gegen Bosheit, gegen Anfeindungen, gegen Trostlosigkeit.

»Wer denkt, lebt«, sagte Sipho. »Gedanken sind frei, aber ich muss mich auch daran erinnern, dass das so ist. In diesem Raum lernten wir es wieder. Gemeinsam.«

Sipho saß fünf Jahre auf Robben Island ein, deshalb wollte ein Mann, den ich auf ungefähr sein Alter schätzte, von ihm wissen: »Würdest du heute wieder gegen die Apartheid kämpfen? Bereust du deine politische Arbeit von damals?«

Sipho antwortete leise, aber mit einer Gewissheit in der Stimme, die uns Zuhörern das erlebte Leid nicht verschleierte. »Wir haben versucht, die Flamme in uns brennen zu lassen, die uns das Ende des Tunnels erkennen lässt; denn wenn du aufhörst zu hoffen, dann macht das Gefängnis dich kaputt. In dem Moment, wo du bereust, was du getan hast, bereust, was dich an diesen Ort gebracht hat, bist du so gut wie tot.«

Sipho sprach ohne Zorn, aber nicht unbewegt. Sein Lächeln, sein Eingehen auf uns, seine Herzlichkeit ließen das Gehörte umso eindrucksvoller erscheinen, auch weil es keine Schuldzuweisungen gab, niemand verurteilt wurde. Siphos Botschaft hieß: Es geht nicht um Auge um Auge, Zahn um Zahn, wenn man nicht ebenso schmutzig werden will wie die an den unanständigen Hebeln der Macht. Es geht nicht darum, in ausweglosen Situationen den eigenen Tod zu provozieren. Es geht um den Mut, das eigene Rückgrat gerade zu halten, in den Momenten, die einen winzigen Spalt in der Tür des Gegenübers öffnen – und dadurch zu verändern: die Wärter, die Insassen, ihn, dich, mich, die Welt.

Es ist kein Sonntagsspaziergang durch die Gänge und ehemaligen Zellen von Robben Island, die Geschichten der Männer zu hören, deren Lebenszeit hier verschwendet wurde, weil sie eine andere Hautfarbe, andere Meinungen, andere Grundsätze hatten als die damals herrschende Klasse. Es ist kein Genuss, aber eine Lehrstunde in Hoffnung, gepaart mit dem Erstaunen darüber, dass von dieser geschundenen Insel in der Tafelbucht Vergebung, Humanität und der Wunsch nach echtem Miteinander ausgeht.

Ich fuhr mit einem Lächeln nach Kapstadt zurück, im Kopf ein Lied, das die Gefangenen von Robben Island kraftvoll und beeindruckend mit Lebenswillen und Wahrheit füllten: Die Gedanken sind frei …

Robben Island füllt Ihren Erinnerungskoffer mit …

… der eigenen Dankbarkeit, einem ungerechten Schicksal entgangen zu sein,

… der Gewissheit, dass auch scheußliche Regime ein Verfallsdatum haben,

… der Erkenntnis, dass niemand etwas Besonderes sein muss, um ein Vorbild zu sein.

Geschmackvolle Souvenirs:

✓ der brennende Wunsch nach Freiheit und dem Recht, die eigene Meinung zu äußern. Wer hierherkommt und sich daran erinnert, wie hoch dieses Gut im eigenen Land im Kurs steht, braucht kein anderes Andenken. Wer aus einem Land kommt, das einen Mandela nötig hat, nimmt von hier die Gewissheit mit, dass selbst die schlimmste Diktatur endlich ist.

✓ Sowohl auf Robben Island als auch an der Abfahrtsstelle in Kapstadt gibt es Souvenirs zu kaufen, die sich darum bemühen, dem Kitsch ein Schnippchen zu schlagen. Mir gefällt am besten das Logo des Robben-Island-Museums, das auch auf den hellblauen Shirts der ehemaligen Sträflinge abgebildet ist, die jetzt durch das Gefängnis führen: vier stilisierte Gitterstäbe, die von Stab zu Stab brüchiger, körperähnlicher werden, bis sie am Schluss einen Menschen zeigen, der die Arme glücklich in die Luft wirft und seine Freiheit feiert.

Vor dem Ein- oder nach dem Ausschiffen zu lesen:

Von Nelson Mandela gibt es unzählige Biografien, aus denen man wählen kann, will man mehr über sein Leben und Wirken lernen. Als ich erfuhr, dass er seine Notizen für seine

Autobiografie auf Robben Island in einem Beet vergrub, um sie vor den Wächtern zu verstecken und die Kameraden dieses beim Gießen aussparten, griff ich zu *Der lange Weg zur Freiheit* und ließ mir seinen Lebensweg direkt von ihm – und seinem Ghostwriter Richard Stengel – erzählen.

Nur äußerst selten darf das Oberhaupt eines anderen Staates im deutschen Parlament sprechen. Nelson Mandelas Rede, am 22. Mai 1996 noch in Bonn gehalten, kann – zusammen mit der Einleitung und Anrede durch die damalige Bundestagspräsidentin Rita Süssmuth – auf der Seite des Deutschen Bundestages abgerufen werden. Man sollte ihr mit geschlossenen Augen folgen, um dabei festzustellen, wie aktuell Reden bleiben können, besonders wenn ein Mann wie Mandela Goethes *Faust* zitiert: »Ja! In diesem Sinne bin ich ganz ergeben, das ist der Weisheit letzter Schluss: Nur der verdient sich Freiheit wie das Leben, der täglich sie erobern muss.«

Nelson Mandelas Leben hat viele Dokumentar- und Spielfilme inspiriert. Mein persönlicher Favorit ist *Invictus – Unbezwungen* von Clint Eastwood, in dem Nelson Mandela, mittlerweile Präsident seines Landes, einen Weg sucht, die Rassenschranken in den Köpfen der Menschen ebenso einzureißen wie die gesetzlichen. Indem er der Rugbymannschaft den »Auftrag« erteilt, den World Cup zu gewinnen, und so aus einem weißen Sport eine Leidenschaft für Südafrikaner aller Hautfarben macht, vereinigt er nicht nur eine Mannschaft hinter sich, sondern eine ganze Nation. Wäre die Republik Südafrika im Jahre 1995 nicht tatsächlich Weltmeister geworden, wäre der Film ein schönes Märchen. Durch diese Wahrheit ist er ein schönes, wahr gewordenes Märchen.

Wer sich intensiver mit den Argumenten beschäftigen will, die Mandela und seine Mithäftlinge nach Robben Island brachten, kann seine Verteidigungsrede am Ende des Rivonia-Prozesses *Wofür ich bereit bin zu leben und zu sterben* im Internet finden oder das Buch des Menschenrechtsanwalts und Mandela-Verteidigers Lord Joel Joffe *Der Staat gegen Mandela* studieren.

Wer Texte lesen möchte, die Mandela wichtig waren, schlage Shakespeares *Julius Cäsar* auf oder schmökere in *Meine afrikanischen Lieblingsmärchen*, die nach seinen Wünschen zusammengestellt wurden. Um Geld für den Nelson Mandela Children's Fund zu sammeln, fanden sich Schauspieler wie Whoopi Goldberg, Helen Mirren, Matt Damon und Alan Rickman, die aus den Geschichten anschließend ein Hörbuch und einen wahren Ohrenschmaus machten.

Mit Shakespeare bekommt man mich immer. Ohne Ausnahme. Deshalb ist für mich *Reading Revolution: Shakespeare on Robben Island* von Ashwin Desai besonders wichtig geworden – auch weil es den Fokus nicht allein auf Nelson Mandela legt, sondern den Wert des großen Barden für jeden einzelnen Inhaftierten heraushebt. Dasselbe gilt für das Theaterstück *The Robben Island Shakespeare* von Matthew Hahn, das ich bisher leider nur lesen, aber nie sehen durfte. Wer sagt mir Bescheid, wenn es irgendwo aufgeführt wird und geht mit mir hin? Nach Ende eines solchen Stückes muss man reden, reden, reden: über Shakespeare, die Kraft, die er gibt, die Gefühle, die er lehrt – und über die Gefängnisinsel Robben Island, auf der er Gefangenen die innere Freiheit schenkte.

IN AMERIKA

Vashon Island

Solentiname

Danpaati

Schräg und gechillt
Vashon Island

PUGET SOUND, SEATTLE, WASHINGTON, USA

Café Mocha, groß, ohne Sahne, zwei Stücke Zucker.

Latte macchiato, medium, laktosefrei, mit doppeltem Espresso und einem Schuss Mandelsirup.

Café Americano, klein, entkoffeiniert, schwarz, zum Mitnehmen …

Ganz gleich was ich bestelle: Ich kann keinen Kaffee mehr trinken, ohne sofort an Vashon Island zu denken.

Möglich, dass Kaffee irgendwo in Äthiopien entdeckt wurde. Völlig einleuchtend, dass er durch die Osmanen nach Europa kam, die Wiener die ersten Kaffeehäuser eröffneten und die Italiener der braunen Flüssigkeit die höchsten Weihen verliehen. Aber ganz gleich wo die Ära des Kaffeegenusses begann: Vashon Island läutete seine weltweite Renaissance ein, ist aber in seinem bewusst gepflegten Understatement mehr als zufrieden, über dem Duft eines frisch gefüllten Bechers Latte-to-go völlig vergessen zu werden.

Als passionierte Teetrinkerin, die schon Herzrasen bekam, wenn sie Kaffee nur roch, interessierte mich das Getränk im wahrsten Sinne des Wortes nicht die Bohne. Für mich durfte jeder Kaffeetrinker nach seiner Fasson selig werden – solange es nicht das einzige Heißgetränk meiner Umgebung war, blieb ich bei Assam, Darjeeling und Earl Grey.

Das änderte sich schlagartig, als ich nach Seattle zog, zu einer Zeit, als die Stadt dem duftenden schwarzbraunen Gebräu ihren ureigenen Stempel aufdrückte und ihren Kaffeekult um die Welt schickte.

So wie heute jeder Zweite ein Smartphone in der Hand hält, liefen dort schon in den 1980er- und 1990er-Jahren viele mit riesigen Kaffeebechern durch die Stadt, standen mit Kaffeebechern im Bus, stellten Kaffeebecher beim Autofahren in eigens dafür vorgesehene Halterungen und fuhren, wenn die Behälter leer waren, durch Kaffee-Drive-Throughs, um sie wieder aufzufüllen. An jeder Straßenecke eröffnete ein Starbucks, ein Seattle's Best Coffee, ein Tully's Coffee oder eines von vielen kleinen Kuschelcafés, an denen man einfach nicht vorbeigehen konnte, ohne nachzutanken. Es gab Kaffee in klein, medium und riesig, mit und ohne Sirup, mit laktosefreier Milch, mit Umdrehungen oder entkoffeiniert. Es gab Bringdienste für Bürohäuser und jede Menge Eisstückchen, die aus einem eben noch heißen Latte macchiato einen Eiskaffee zauberten.

Eine ganze Stadt wechselte von Grunge, sprich Bands wie Nirvana, Pearl Jam, Soundgarden oder Alice in Chains, zu einer neuen Droge: In Seattle wird heute täglich mehr Kaffee konsumiert als in irgendeiner anderen Stadt der USA. Sie ist die Hochburg des Kaffeeröstens. Hier wird eine neue Kaffeekreation so heiß diskutiert wie in Europa die Champions League.

Was es in Seattle zu meinem Leidwesen allerdings nicht gab, war Tee, der der Erwähnung, geschweige denn des Trinkens wert gewesen wäre – von einem einzigen typisch britischen Tearoom abgesehen, dessen Umsatz drastisch in den Keller gegangen sein muss, als meine Zeit im pazifischen Nordwesten der USA zu Ende ging.

In diesem Niemandsland des Tees zu überleben war nicht einfach, besonders wenn man nichts mehr liebte als heiße Getränke, um im Sommer nicht noch mehr zu schwitzen und sich im Winter wieder aufzuwärmen. Ich musste die Alternative, die sich mir bot, so lange umarmen, bis es endlich aus echter Zuneigung geschah: Meine Liebe zu Mocca, Espresso und Americano begann sechs Wochen nach meiner Ankunft in Seattle auf Vashon Island – jener Insel, auf der die Kaffeebesessenheit der USA ihren Anfang nahm.

Vashon Island liegt wie ein geöffnetes Ventil im Puget Sound, einer Meeresbucht, die die Millionenstadt Seattle von der Olympic-Halbinsel trennt. Für die meisten Städter ist Vashon trotzdem nicht die Insel ihrer Wochenendausflugswahl. Sie ist offenbar einfach zu nah. Dieser Eindruck stellte sich bei mir ein, als ich meine Nachbarin fragte, wie es dort sei und von wo die Fähre gehe. Sie wusste es nicht. Auch die Teilnehmerinnen meines Literaturkreises hatten keine Ahnung und auch nicht meine Wandergruppe. Niemand von ihnen war bisher dort gewesen oder hatte auch nur daran gedacht, hinzufahren. Bei einer Essenseinladung unterhielt ich mich mit der Dame des Hauses über meine Inselsucht und meinen Wunsch, einem drohenden Cold Turkey durch einen Besuch auf Vashon Island auszuweichen.

Bev hatte ebenfalls keine Ahnung, wie man nach Vashon übersetzen konnte, aber jede Menge Lust, es herauszufinden. Da sie durch ihre Arbeit im Krankenhaus im Schichtdienst arbeitete, verabredeten wir uns für den darauffolgenden Donnerstag, um das »wahre Leben« der Insel kennenzulernen und nicht nur ihr Sonntagsgesicht.

Das Erste, was wir begriffen: Vashon Island ist mit öffentlichen Verkehrsmitteln zu erreichen, was im autosüchtigen US-Amerika ein dickes Sternchen verdient. Aber Vashon verzichtet gerne auf jegliches Lob, denn die Insel legt wenig Wert auf die Meinungen Außenstehender. Sie ist sich selbst und ihren Bewohnern genug.

Das wussten wir noch nicht, als wir an der Fähre in Fauntleroy ankamen. Bereits in diesem heimeligen Stadtteil Seattles, bei dem ich immer an den »kleinen Lord« und behagliche Weihnachtsabende denken muss, fiel die Hektik der Großstadt auf wundersame Weise von uns ab. Wir ließen sie ohne Bedauern an der Bushaltestelle hängen und standen schon zehn Minuten später auf dem Schiff an der Reling und sahen die Nordspitze der Insel auf uns zukommen.

Vom Festland zur Insel dauert es nur 20 Minuten, und dennoch macht man eine Zeitreise. Die, aus der man kommt, scheint seltsam entrückt, ganz so, als würden Ampeln zwar weiter von Rot auf Grün schalten, aber der Verkehr selber seine Wichtigkeit verlieren.

Das liegt vor allem an den Bewohnern, für die es keine andere Bezeichnung als »gechillt« geben kann. Um sich ihre entspannte Geschwindigkeit zu erhalten, lehnen sie den Bau einer Brücke ab. Bloß nicht zu viel Verkehr! Nur nicht zu viele Leute! Um Gottes willen keine Hektik! Für Bev und mich fühlte es sich an, als wären wir den ganzen Tag über willkommen, sollten aber verschwinden, bevor die Zugbrücke hochgezogen wird – es sei denn, wir hätten nichts gegen einen gemütlichen Abend nach Vashon-Art: wunderbar ereignisfrei, losgekettet vom Hamsterrad, in Kleidung, die bequem statt chic ist, und bei Gesprächen, die sich gerne mal um Kunst, Literatur, eine ausgedehnte Wanderung oder die Tierwelt der Insel drehen dürfen statt über pompöses Seht-her-ich-bin's. Sobald diese Voraussetzung geklärt war, ging jeder wie selbstverständlich davon aus, dass wir kein Unheil anrichten würden und die Insel aus denselben Gründen mögen wie die Einwohner: Weil Vashon so alltäglich ist, so ehrlich, so im besten Sinne des Wortes »alternativ« und entspannt darauf bedacht, zwar alle modernen Einrichtungen ins Leben zu integrieren, sich davon aber nicht abhängig zu machen. Ein Gutteil der Bevölkerung Vashons stürzt sich täglich zum Broterwerb ins Getümmel von Seattle, aber eher als arbeitende Tagelöhner, nicht um den Wichtig-wichtig-Lebensstil nach Feierabend mit herüberzubringen.

John, ein jahrelanger Pendler, drückte es bei einem doppelten Espresso und dem dazugehörigen Glas Wasser so aus: »Ich habe für Microsoft Ewigkeiten auf den Bildschirm gestarrt und auf Tastaturen herumgehämmert, bis ich es mir leisten konnte, wenigstens nach getaner Arbeit auf ein Leben als Nerd zu verzichten und mir auf Vashon eine Wohnung zu kaufen.« Die zweite Stufe des besseren Lebens zündete er mit dem Rückzug aus dem fremdbestimmten Arbeitsleben in ein winziges, eigenes Büro auf der Insel, von dem aus er private Computer therapiert. Seine Selbstständigkeit erlaubte ihm, zum Lunch in ein vegetarisch-veganes Café zu gehen und dort zufällig am selben Tisch zu landen wie Bev und ich. Seine neue Freiheit gewährte ihm auch, seine Mittagspause mit uns zu verplaudern und so lange auszudehnen, bis wir nicht nur einen Gutteil der Weltprobleme gelöst hatten, sondern leckere glutenfreie Muffins in sechs Geschmacksvariationen für den Nachtisch eintrafen, auf die man in Deutschland die Vokabeln »alternativ« oder »öko« angewendet hätte, die aber auf Vashon bereits seit Jahrzehnten völlig normal waren.

Ich lernte durch das Gespräch mit John, dass die Insel bereits zu Hippiezeiten das erklärte Lebensziel all derer war, die das Wort »Aussteiger« ernsthaft mit Inhalt füllen wollten – und die dafür keine kalifornische Sonne brauchten. Ganz gleich ob sie sich entschieden, ein veganes Restaurant zu eröffnen, Brot zu backen, das den Namen tatsächlich verdient, Obst und Gemüse anzubauen, einen Onlineshop zu betreiben oder wetterfeste Outdoorkleidung zu entwerfen: Langsamer, intensiver, autark sind damals wie heute die Triebfedern, die auf Vashon vor Anker gehen lassen.

»Die Hippies von damals sind hier in Ehren alt geworden, aber sie tragen immer noch den Spirit ihrer Zeit in sich. Die lassen sich kein X für ein U vormachen«, erklärte John uns nicht ohne Stolz. Mein Eindruck aus diesem allerersten Gespräch mit einem Insulaner: Auf Vashon wählt man die Obamas dieses Landes und ist stolz darauf. Auf Facebook kann man seine Meinung in einer Gesinnungsblase weitergeben, auf dieser Insel kann man in ihr leben: etwas verschroben, aber liebenswürdig und auf erfrischend altmodische Art liberal und zukunftsweisend.

Von der Geschäftigkeit Seattles ist von Vashon aus nicht mehr zu sehen als die Lichter in der Nacht und nicht mehr zu spüren als ein paar zusätzliche Autos in der beschaulichen »Hauptstadt«, wenn wieder eine Fähre angelegt hat. In den über 20 Jahren, in denen ich die Insel immer wieder besuchte, ist sie ihrem äußeren Erscheinungsbild erstaunlich treu geblieben. Die Einkaufsmeile mutet noch immer an wie eine Bastion gegen die großen internationalen Ketten. Weit und breit ist keine der herkömmlichen Burgerfabriken in Sicht, dafür echte heiße Klappstullen mit Hacksteak, so wie sie am Lagerfeuer des Wilden Westens geschmeckt haben müssen, getoppt mit allem, was der Wald hergibt – plus einer vegetarischen Variante, wenn die Jagd nicht so glücklich verlaufen ist.

Auf der Insel finden sich eine Fülle von Restaurants und Cafés, die allesamt von Leuten geführt werden, die geschmacklich aus der Reihe tanzen wollen. Mein Liebling ist die vegetarische *Snapdragon Rustic Bakery*, die völlig zu Recht nach einem Löwenmäulchen benannt ist, weil man hier den Rachen nicht vollkriegt von all den Küchlein und Brötchen und Süppchen und Sandwich-Varianten, die mir selbst nie eingefallen wären, die ich aber für mein Pausenbrot zu Hause liebend gerne kopiere. Das dunkle Brot mit Avocado, klein geraspelten süßen Zwiebeln, einem Spritzer Tabasco, Salz und Apfelmus mit einer süßen Apfelscheibe obendrauf, hat seinen Ursprung auf Vashon und ist seither hundertfach von mir kopiert und goutiert worden.

In den vielen liebevoll bestückten Boutiquen kann sogar ein Einkaufsmuffel wie ich einem Kaufrausch erliegen, denn das Angebot ist variantenreich und häufig von irgendjemandem auf der Insel selbst produziert.

Da wir uns hier im regenreichen pazifischen Nordwesten der USA befinden, in dem eine reine Sonnenwoche eine Schlagzeile wert ist, wird überall praktischer Schutz gegen Nässe angeboten. So sah ich in einem Schaufenster ein hinreißendes Angebot von Gummischuhen und -stiefeln in allen möglichen Arten, Sorten, Farben und Mustern. Ich blieb stocksteif stehen und dachte zum ersten Mal nach Wochen wieder an Europa: an ein Schaufenster im Herzen von Venedig, mit ähnlichem Angebot während des Acqua Alta. Die Inselbewohner beider Seiten des Atlantiks werden verstehen, dass ich mir ein paar dunkelblaue Gummistiefel mit vielfarbigen Streublumen kaufen musste, die mich noch immer durch deutschen Matsch tragen und schon zweimal ins winterliche Gepäck nach Venedig wanderten.

Im Laufe meiner Zeit in Seattle ging ich auch dazu über, meine Bücher nur noch im privat geführten Vashon Bookshop zu erwerben. Hier kann man in herrlich rustikalen Regalen stöbern und in gemütlichen Sesseln in neuen und »sanft behandelten« gebrauchten Büchern schmökern. Eine Tafel an der Wand bietet das »Wort des Tages« an, selbstverständlich mit Bedeutungserklärung, und die sind immer wie Vashon selbst, weird and wonderful: quergestrickt, verzaubernd, bezaubernd.

Nur hier ist es mir je passiert, dass mir eine stets enthusiastische, kompetente Buchhändlerin ein Buch aus der Hand nahm und sagte: »Das ist im Moment nichts für dich. Du brauchst etwas, womit du hier heimisch wirst. Lies lieber diese Bücher hier. Die spielen alle in und um Seattle. Durch die kannst du den Pazifischen Nordwesten und seinen Menschenschlag richtig kennenlernen.« Sie schleppte einen ganzen Stapel Krimis zu einem kleinen Tisch neben einem Ohrensessel und machte eine einladende Handbewegung, damit ich mir die Romane von Judith A. Jance, Mary Daheim und Sherman Alexie in Ruhe angucken konnte. Während ich blätterte, schob sie noch drei Romane von Betty MacDonald aus dem modernen Antiquariat hinterher, die das Leben auf der Olympic-Halbinsel und Vashon vom Zweiten Weltkrieg bis in die 1950er-Jahre höchst anschaulich und amüsant beschreiben. Ein Buch, welches ebenfalls auf einer Insel vor Seattle spielt, konnte ich wieder vom Stapel herunternehmen, denn ich hatte es bereits in Deutsch gelesen: David Gutersons *Schnee, der auf*

Zedern fällt. Genau wie im Roman hatte auch Vashon eine große amerikanisch-japanische Community, die auf jedem freien Fleckchen Erdbeeren anbaute. So viele, dass der jährliche Aufreger Vashons noch heute das Erdbeerfestival ist, obwohl die roten Früchte auf der Insel schon lange keine wirtschaftliche Rolle mehr spielen. Im Grunde fand die Arbeit auf den Erdbeerfeldern ein unrühmliches Ende, als US-Amerikaner mit japanischen Wurzeln nach der Bombardierung von Pearl Harbor als Sicherheitsrisiko eingestuft wurden und in Internierungslager gebracht wurden. Ein fast vergessenes Leid der Geschichte, dass durch Gutersons Buch endlich viel diskutierte Seiten aufschlug.

Den entscheidenden Einkauf aber tätigte ich im Center der Insel, dem ehemaligen Hauptort, etwa zwei Kilometer südlich von Downtown Vashon, direkt an der Ecke von Vashon Highway Süd-West, der Straße, die die Insel in der Mitte der Länge nach durchschneidet, und Südwest Cemetery Road. In einem über 100 Jahre alten Gebäude, das an Wildwestzeiten erinnert, befindet sich eine Kaffeerösterei mit eigenem Laden, in der der Kaffeeboom Seattles seinen Anfang nahm. Heute kann man hier das Angebot der *Vashon Island Coffee Roasterie* kaufen und ein Kaffeemuseum bestaunen, in dem man lernt, dass die Urbohne hier gebrannt wurde, als es noch *The Wet Whisker*, also »Das nasse Schnurrhaar« hieß. Hier wurden erst Eis und Kaffee und dann Kaffee und Kaffee und immer mehr Kaffee verkauft. Der damalige Besitzer und Röster in Personalunion, der auch den jetzigen Betreibern der Kaffeeinstitution noch heute beratend zur Seite steht, hieß Jim Stewart. Dieser Vorreiter des heutigen Kaffeekultes war auch der erste Verwerter der braunen Bohne, der direkt bei den Kaffeebauern einkaufte und so die Idee des fairen Handels salonfähig machte.

In Jim Stewarts erster Rösterei und Kaffeehandlung wurde Ende der 1960er- und Anfang der 1970er-Jahre der Grundstein zur neuen Kaffeesucht gelegt. Aus den Anfängen seiner Röstkunst wurde Seattle's Best Coffee, die Kaffeehauskette, die viele Jahre später im Nachkommen Starbucks aufging, wie beste hochprozentige Sahne in einem Café Americano.

Während Bev und ich mit unseren eigenen Nasen und Gaumen herausfanden, wohinein eine neugierige Katze ihren Kopf stecken musste, um nasses Schnurrhaar zu bekommen, glaubten wir uns im geschmacklichen und olfaktorischen Wunderland. Als ich aus dem Laden heraustrat, war ich mit der skandalösen Teesituation Seattles nicht nur ausgesöhnt, sondern bereit, ihre Kaffeesucht nicht nur voll und ganz zu verstehen, sondern täglich mit einem halben Liter zu unterstützen.

Aber Vashon schenkt nicht nur leckeren Kaffee ein und hält entspannte Einkaufsmöglichkeiten, gutes Essen und liberale Plaudereien bereit, die Insel hat auch jede Menge Natur zu bieten, die man so dicht an einer Millionenmetropole nicht in dieser Fülle vermuten würde. Den besten Tipp erhielten wir in der Kaffeerösterei. Die Bedienung riet uns: »Ihr solltet nach Maury Island rüberfahren und zum Leuchtturm Point Robinson gehen. Da gibt es schattige Trails durch den Wald und am Wasser einen ewig langen Strand. Und man hat einen tollen Blick rüber nach Seattle und zu unserem Hausberg, dem Mount Rainier.«

Erst jetzt begriffen wir, dass ein – auf unserer Landkarte wie ein Wurmfortsatz anmutender – Teil im Süden der Insel ursprünglich eigenständig gewesen war, bis die Landenge künstlich aufgeschüttet und mit Vashon verbunden worden war. Bev und ich beglückwünschten uns, am selben Tag tatsächlich zwei Inseln besuchen zu können, und schlenderten zum Point Robinson Lighthouse an der gleichnamigen Landspitze. Der Leuchtturm ist ein pittoreskes Kleinod aus dem Jahre 1885. Mit seinem karmesinroten Dach und den strahlend weiß getünchten Wänden braucht er nicht einmal sein Leuchtfeuer zu entzünden, um aufzufallen. Der sechseckige Turm wurde in seiner heutigen Form 1915 gestaltet und wirkt, als ob er sein Rückgrat aus dem Haus zieht, in das er hineingebaut wurde. Wäre da nicht das Geländer um das Leuchtfeuer und seine knallrote Mütze, man könnte das Gebäude für eine schnuckelige Dorfkirche halten. Da der Leuchtturm mittlerweile automatisch betrieben wird, wurden die zwei Leuchtturmwärterhäuschen gleich nebenan liebevoll von einem Freundeskreis, den Keepers of Point Robinson, restauriert. Sie werden jetzt, mitsamt der originalen Einrichtung, an Feriengäste vermietet. Näher am Strand kann man nicht wohnen. Jeder Cent, der durch die Häuser und den Verkauf liebenswerter Paraphernalien des winzigen Souvenirshops der Keepers zusammenkommt, geht in den Erhalt und die Entwicklung des Point Robinson Parks. Es ist also sozusagen ein Hilfsprojekt, sich hier eine Woche einzumieten.

Weit und breit gibt es dann keine anderen Nachbarn, es sei denn, man zählt die Häuser von Des Moines auf der anderen Seite des Wassers mit oder den Mount Rainier, der Vashon hier auf Schritt und Tritt majestätisch grüßt. Von der Veranda eines dieser Häuser aus, hingegossen in die weißen Schaukelstühle, kann man die vorbeifahrenden Schiffe zählen oder stundenlang nach Orcas Ausschau halten, die hier an der Küste häufig anzutreffen sind. Ohne Anstrengung kann man Adler beobachten, auf das Rotwild des nahe gelegenen Waldes warten und hoffen, dass einer der unzähligen Waschbären einem einen Besuch abstattet. Man kann Strandgut sammeln und Drachen fliegen lassen und absolut gar nichts, aber auch gar nichts tun. Und ganz gleich wie hoch die Temperaturen das Thermometer gerade treiben, hier ist der richtige Ort, das zärtlich illustrierte Weihnachtsbuch *Red Ranger Came Calling* zu lesen, auf dessen Übersetzung ins Deutsche ich noch immer sehnlichst warte. Denn hier kann man nachprüfen, dass jedes Gefühl, das dieses Buch auslöst, wahr ist und Santa Claus tatsächlich nebenan im Leuchtturm wohnt.

Bev und ich konnten uns an diesem Platz nicht erklären, warum nicht mehr Leute aus Seattle hier herüberkommen und sei es auch nur für einen Tag.

Gegen Abend, kurz bevor die Lichter auf der anderen Seite zahlreicher wurden als die des Nachthimmels über Vashon, machten wir uns auf zu unserem letzten Ziel auf der Insel, Taschenlampen in der Hand, um es entsprechend seiner Bedeutung für die Insel auszuleuchten.

Schon John hatte von Bev und mir während unseres gemeinsamen Lunches gefordert: »Geht nicht zurück auf die Fähre, ohne unsere Touristenattraktion zu bewundern. Ihr seid schließlich Touristen! Ihr müsst das Fahrrad im Baum sehen.«

Ein Junge stellte vor etwa 60 Jahren sein Kinderrad in der Astgabel einer jungen Douglastanne ab – und holte es nicht wieder herunter. So wie er mit den Jahren dem Rad entwuchs, so wuchs auch der Baum, umschlang es in der Mitte und hob es mit sich in die Höhe. Wie das Kinderrad dort oben, etwa dreieinhalb Meter über der Erde, aus der Mitte des Stammes ragt, wirkt es, als könnte es zur Geisterstunde herausfahren und magische Kreise über die Insel ziehen, überall dorthin, wo Menschen leben, für die der amerikanische Traum nichts mit dem Wunsch nach höher, größer, besser, weiter, breiter zu tun hat. Denn dass das Rad nach all den Jahren, trotz Regen und Schnee und Wind und Vandalen, noch immer zu bestaunen ist, liegt nicht an der Magie, sondern an den Insulanern, die gestohlene oder durchgerostete Teile getreulich ersetzen, um die Attraktion möglichst lange für alle zu erhalten.

Wer beim Anblick des festgewachsenen Kinderfahrrades im Baum das Wesen der Insulaner von Vashon nicht versteht – aber das ist undenkbar –, der hat eine letzte Chance auf der Überfahrt zurück nach Seattle. Dann nämlich, wenn auf der Fähre das Auto eines Einheimischen vor ihm steht, der ihn mit einem Aufkleber auffordert, dieses menschliche Insel-Sanktuarium so zu belassen, wie es ist – verschroben, versponnen, schräg, schrullig und im besten Sinne fortschrittlich: *Keep Vashon weird!*

Vashon Island füllt Ihren Erinnerungskoffer mit …

… Gesprächen mit Leuten, die in aller Ruhe ihr eigenes Ding durchziehen und es gerne mit Besuchern teilen wollen,

… Strandgut oder Muscheln, gesammelt auf dem Strand am Leuchtturm von Point Robinson,

… einem Memo im Herzen, wie wichtig das Bauen von Sandburgen, Picknick mit Freunden, Faulenzen am Strand und das leise Plätschern von Wellen wirklich sind,

… großartigen Ausblicken auf den Mount Rainier, einen der eindrucksvollsten Berge der Erde, einer felsigen Eistüte aus 4392 Meter Schönheit,

… einem entspannten und Hoffnung bewahrenden USA-Bild.

Geschmackvolle Souvenirs:

✓ Kaffee, Kaffee, Kaffee, in allen denkbaren Röstvarianten, gemahlen, als Bohne oder gleich in flüssiger Form

✓ ein Aufkleber, Magneten oder Kaffeepott mit der Aufschrift *Keep Vashon weird*, oder ein T-Shirt mit *Vashon: We're all here because we're not alle there* – Wir sind alle hier, weil wir nicht ganz da sind …

✓ ein Buch aus dem Vashon Bookshop, in dem man sich – selbstverständlich bei einem Kaffee oder Mocha – in die Sessel fläzen kann und dabei versteht, warum Bildbände und bibliophile Bücher in der englischen Sprache ausgerechnet *coffee-table books* heißen

Vor dem Ein- oder nach dem Ausschiffen zu lesen:

Die Millionensellerautorin Betty MacDonald lebte lange Jahre an der Nordspitze Vashons, nahe der Fähre nach Fauntleroy, und beschrieb in humoristischen Büchern ihr Leben, von dem sich *Die Insel und ich* ausschließlich mit Vashon beschäftigt. Auch wenn das Buch in den 1950er-Jahren geschrieben wurde – oder gerade deshalb –, fällt seine unbeugsame Art auf, mit sich selbst und einer tradierten Mutterrolle ins Gericht zu gehen. Ihr *funny feminism*, ihr witziger Feminismus, passt hervorragend in die stets leicht aufmüpfig wirkende Welt Vashons.

Wer es fantastisch mag und auch nichts dagegen einzuwenden hat, dass das Buch für Jugendliche geschrieben wurde, findet in *Sommerland* des Pulitzerpreisträgers Michael Chabon eine Insel namens Clam Island, die er Vashon nachempfunden hat. Chabon unternimmt einen Parforceritt durch nordische und indianische Mythologien, um dabei obendrein dem größten amerikanischen Sportmythos zu huldigen: dem Baseball.

Berkeley Breathed, ein in den USA sehr bekannter Cartoonist, hat auf Vashon gelebt und ein sowohl anrührendes als auch für Kinder und Erwachsene aller Altersstufen höchst lohnendes Weihnachtsbuch geschrieben. Wer sich selbst einen dicken Gefallen tun will, liest sein *Red Ranger Came Calling* und begegnet so nicht nur Vashons berühmtem Fahrrad im Baum und besucht den Point Robinson-Leuchtturm, in dem Santa Claus zu Hause ist, sondern lernt auch, dass Vashon »eine feuchte kleine Insel irgendwo in der oberen linken Ecke des Landes ist«. Vor allem aber erfahren alle, die dieses Buch in die Hand nehmen, das Wunder eines magischen Leseerlebnisses, das den Wunsch, Vashon anschließend selbst zu sehen, als Samenkorn in sich trägt.

David Gutersons *Schnee, der auf Zedern fällt* ist ein Roman, der tief in die Gedanken- und Lebenswelt der Menschen in der Inselwelt vor Seattle eintauchen lässt und das auf eine sehr spannende Art und Weise und in bestechend schöner Sprache.

Der kanadische Singer-Songwriter James Keelaghan hat sich dem traurigen Thema der Internierungen der japanisch-nordamerikanischen Minderheit mit dem Lied *Kiri's Piano* angenommen. Der Text und seine Stimme ließen seine Zuhörer bei einem Konzert in Seattle erst stumm werden und anschließend lebhaft über das geschehene Unrecht diskutieren. Dieses Lied ist ein melodischer Weckruf, Deportationen welcher Art auch immer nie wieder zuzulassen.

Die Kunst, durch Kunst zu leben
Solentiname
LAGO COCIBOLCA/NICARAGUASEE, NICARAGUA

Er signierte das Buch so schwungvoll, wie ich mir sein Leben vorstellte, mit seinem Nachnamen: Cardenal.

Dann erzählte er von Solentiname, einem Archipel aus 36 Inseln in den Weiten des Lago Cocibolca oder des Nicaraguasees, dem größten Binnensee Zentralamerikas.

Ernesto Cardenal sprach eindringlich, leise, wirkungsvoll. Mit der Stimme eines Priesters, der nicht nur zum Glauben aufrufen möchte, sondern zum Leben, zum besseren Miteinander und Füreinander – durch die Kunst.

Als ich ihn so sitzen sah, mit seiner schwarzen Baskenmütze und dem weißen Bart, leicht zum Licht der Lampe gebeugt, um seinen Text besser lesen zu können, und seiner Stimme lauschte, glaubte ich, einem Märchen zuzuhören. Und in gewisser Weise war es eines: eines, das bis heute besucht und erlebt werden kann. Solentiname ist die wahr gewordene Legende über bessere Lebensbedingungen durch Malerei, Schnitzerei und unbeugsamen Willen.

Ernesto Cardenal las an diesem Abend nicht nur aus dem Buch *Das Evangelium der Bauern von Solentiname*, er beschrieb auch, wie es zu den Aufzeichnungen gekommen war. Wir erfuhren, wie er in den 60er-Jahren des letzten Jahrhunderts zusammen mit den Bewohnern von Mancarrón, der größten Insel des Archipels, eine urchristlich geprägte

Gemeinschaft gegründet und erste Kurse in Schreiben und Lesen, Schnitzen und Malen initiiert hatte, die einen Wandel zu einem würdigeren Leben einleitete. Die ersten Bauernkünstler gaben das neu erworbene Wissen an Ehepartner, Söhne, Töchter und Nachbarn weiter. Es dauerte nicht lange und auf dem ganzen Archipel wurde gemalt und geschnitzt. Einige der Künstler erhielten Stipendien oder wurden zu Meisterklassen in Übersee eingeladen. Bis heute ist fast jeder zweite der etwa 1000 Einwohner der Inselgruppe mit künstlerischer Arbeit beschäftigt und sorgt durch Unterrichtung der nachfolgenden Generationen dafür, dass die Kette ihres Wissensschatzes durch immer neue Glieder verlängert wird.

Cardenal erzählte mit Hochachtung und Zuneigung von den Fischern und Bauern, die zwar bei seiner Ankunft weder lesen noch schreiben konnten, aber eine Weisheit besaßen, durch die er lebendiges Verständnis für die Herausforderungen des tägliche Miteinanders erwarb und entscheidende Impulse für seinen weiteren Lebensweg bekam. Um ihrer Lebensklugheit gerecht zu werden, begann er aufzuschreiben, wie sie die Bibel auslegten, welche Verse sie inspirierten, durch welche Gebete sie ihr Leben gestalteten – und ließ so ein Buch entstehen, das in mehr als ein Dutzend Sprachen übersetzt wurde und rund um den Erdball gelesen wird.

Bevor Cardenal sich für die Weltabgeschiedenheit von Solentiname entschied, hatte er Literatur und Theologie in Mexiko, Kolumbien und New York studiert, war Novize in Thomas Mertons Dichter- und Denkerkloster gewesen und hatte nicht nur Poesie von Weltruf verfasst, sondern auch seine Stimme gegen die Diktatur des Somoza-Clans erhoben, der Nicaragua mit korrupter Hand regierte. Zum Zeitpunkt der Lesung war er bereits mit dem »Friedenspreis des Deutschen Buchhandels« ausgezeichnet worden und lange Jahre Kulturminister seines Landes gewesen. Er hatte Anerkennung für sein literarisches Schaffen bekommen und wurde gleichzeitig für sein politisches Engagement getadelt. Papst Johannes Paul II. suspendierte ihn vom Priesteramt, weil er in der lateinamerikanischen Befreiungstheologie, die nicht allein das Paradies im Himmel erwartet, sondern auch eine perfekte Gesellschaft auf Erden fordert, eine Gefahr für die katholische Kirche sah. Nichts von alldem schien Ernesto Cardenal in der Fragestunde nach der Lesung wichtig gewesen zu sein. Er wollte lieber die Texte der Bauern und Fischer aus dem Buch sprechen lassen, als über sich selbst zu reden – und erzählte gerade dadurch nicht nur viel über seinen Charakter, sondern setzte auch den Archipel von Solentiname auf meine Inselwunschliste. Ich wollte den Regenwald sehen, riechen und hören und mir ein Stück davon durch ein Gemälde der Künstler von Solentiname ins eigene Heim holen.

Am nächsten Morgen ging ich in ein Reisebüro, fragte nach Flugpreisen nach Managua – und entschied mich seufzend statt eines Ticketkaufs dafür, alle Bücher Cardenals zu lesen und dabei auf eine Gelegenheit zu warten, durch die ich mir Solentiname würde leisten können.

Die ergab sich zwei Jahrzehnte später, als ich durch eine Naturschutzorganisation Henry und Martina kennenlernte. Henry, obwohl eigentlich Landwirt, hatte fast zwei Jahrzehnte in Deutschland als Koch gearbeitet. Er plante, seine Arbeit an den Nagel zu hängen, in seine Heimat Nicaragua zurückzukehren und dort eine ökologische Finca zu betreiben. Martina, durch Aufenthalte in Kenia und Tansania in Tropenökologie geschult, wollte ihm beratend zur Seite stehen. Die Wochen bis zu ihrer Abreise wohnten sie bei mir, und ich genoss die Vielfalt der lateinamerikanischen Küche, mit der ich im Gegenzug verwöhnt wurde. Wenn Liebe durch den Magen geht, dann wurde mein Wunsch, Nicaragua kennenzulernen mit jeder Gabel Gallo Pinto – Reis mit Bohnen –, jedem Bissen Curtido – einem leckeren Salat aus Weißkohl und Möhren –, und jedem Schluck Pinolillo – dem traditionellen Getränk aus geröstetem Maismehl, Kakao und Wasser mit einer guten Prise Zimt – immer drängender.

Da nach dem Abschied die elektronischen Verbindungen in die Abgeschiedenheit ihrer neuen Welt nicht immer zu unserer Zufriedenheit funktionierten, verlegten Martina und ich uns aufs Schreiben langer Berichte, die ab und an tatsächlich die jeweilige Adressatin erreichten. Ich verfolgte mit großem Interesse, wie die beiden ihre Planungen in die Tat umsetzten und Rückschläge wie Erfolge verbuchten.

Als Martina mich mitten in einem verregneten November besuchte, tourte Ernesto Cardenal gerade mit der Musikgruppe Grupo Sal durch Deutschland, um in einer Mischung aus Musik und Gedichten, Erzählung und Gesang sein Land und seine Arbeit vorzustellen. Martina und ich unterdrückten Husten, Schnupfen und Heiserkeit, um dabei zu sein.

An diesem Abend entstand die Idee, Henrys Plantage zu besuchen – mit sämtlichen Freunden, die mitkommen und sehen wollten, wie es sich in Nicaragua leben ließ. Ich versprach, auf dieser Seite des Atlantiks alles Notwendige für eine Gruppenreise zu organisieren. Unter einer Bedingung: Ich wollte unbedingt auch einige Tage auf Solentiname verbringen. Dass es keine täglich verkehrende Fähre gab, konnte ja nicht wirklich ein Hinderungsgrund sein. Besonders nicht, wenn siebzehn Leute kämen …

Auf den Tag genau ein Jahr später stand eine erwartungsvolle Gruppe im kleinen Örtchen Los Chiles und wollte von Costa Rica per Boot über den Grenzfluss Río Frío nach Nicaragua einreisen. Auf uns wartete eine private Lancha, ein schmales Holzboot mit Dach, ähnlich einer Barkasse, das uns in etwas weniger als zwei Stunden nach San Carlos bringen sollte, damit wir dort unsere Einreiseformalitäten erledigen könnten. Nie zuvor war ich so naturnah in ein Land eingereist – mitten durch Regenwald, der an diesem Tag mit aller Macht zeigen wollte, warum er diesen Namen verdiente. Die Seitenwände der Lancha wurden provisorisch mit durchsichtigen Planen verschlossen und unser Gepäck gesichert, damit es nicht allzu sehr unter der Feuchtigkeit litt. Wir selbst waren nach der Hitze des Tages und durch den Staub der Straßen Costa Ricas für die Abkühlung dankbar. Auch weil die beiden Männer, die unser Boot steuerten, ab und an den Außenborder zum Schweigen brachten und uns auf Blautangare, Kormorane, Plattschnabel-Motmots und Grünreiher aufmerksam machten, die sich vor der Nässe in den Schutz der Bäume zurückgezogen hatten. Die unterschiedlichsten Vögel schienen auf uns gewartet zu haben, um sich mit farbigem Gefieder und eindrucksvollen Rufen vorzustellen. Wir hätten uns auf einer Ausflugsfahrt durch einen besonders artenreichen Nationalpark befinden können, wären da nicht ab und an bewaffnete Grenzposten zu sehen gewesen, die mehr erstaunt als misstrauisch eine

Gruppe beobachteten, die allesamt bedauernswert blass, aber hochzufrieden wirkten.

Ich war vom üppigen Grün und seinem Kontrast zum schlammbraunen Fluss fasziniert. Der Regen fiel so schwer und mit solcher Wucht, dass sich auf dem Wasser Blasen groß wie Euromünzen bildeten. Wie zum Beweis, dass nur heftige, kurze Schauer solche Bläschen tanzen lassen, war das Schauspiel so schnell vorbei, wie es gekommen war. Vor uns öffnete sich der Fluss zum gewaltigen Nicaraguasee, und wir erreichten die Grenzstadt San Carlos in schönstem Sonnenschein. Der Lago Cocibolca schien nach Norden hin kein Ende zu kennen. Die einzige Schweizerin unter uns fragte, wie oft wohl der Bodensee in diesen Weiten versteckt werden könnte. Wir errechneten die Zahl fünfzehn und realisierten erst dadurch die tatsächliche Dimension des Sees.

Im Anschluss an die Erledigung der Einreiseformalitäten saßen wir in einem Restaurant mit Panoramablick über den Weiten des Nicaraguasees und der Flüsse San Juan und Río Frío. Martina bestellte für uns genau das Essen, mit dem ich die anderen über den Großen Teich gelockt hatte. Nach einer Tafel mit ausgezeichnetem Fisch aus dem Nicaraguasee, Jamswurzeln, Kochbananen, Salaten aller Art und herrlich scharfer Soße leckten wir uns die Finger – und waren bereit für die Einsamkeit von Solentiname.

In der Abendkühle fuhren wir in den Sonnenuntergang hinein und fühlten uns dabei ein wenig wie Entdecker, die für sich Neuland betreten, denn wir wussten, was uns erwartet: Solentiname ist Mittelamerika, wie es andernorts vor 100 Jahren war. Hier bestimmt das Tageslicht den Rhythmus des Lebens. Es gibt kein elektrisches Licht, und der Strahl aus der Dusche ist kälter als das Wasser, das die Inseln umgibt. Wer glaubt, nicht ohne Smartphone leben zu können, wird es hier lernen müssen.

Aber der Archipel bietet mehr als eine nostalgische Reise in die nicaraguanische Vergangenheit. Die Inseln sind ein *monumento nacional*, ein Schutzgebiet von atemberaubender landschaftlicher Schönheit und ein Paradies für Vogelliebhaber. Davon hatten wir einige an Bord, die ich im Verlauf der nächsten Tage mit in den Nacken gelegtem Kopf und seligem Lächeln auf die Pirsch gehen sah.

Wir richteten uns häuslich im kleinen *Hotel Paraiso* auf der Insel San Fernando ein. Es wird von der engagierten Künstlerin Maria Magdalena Pineda geführt, die bereitwillig von den positiven Veränderungen auf den Inseln durch ihre Kunst erzählt, da ihre Familie sich bis heute im Projekt engagiert und Bilder von ihnen in vielen verschiedenen Ländern an den Wänden hängen.

Der Hügel, auf der ihre einfachen, aber blitzblanken Cabañas liegen, gewährt traumhafte Ausblicke. Das Essen ist – nicht nur auf der Terrasse serviert – eine 100 000-Sterne-Küche, und die spektakulären Sonnenuntergänge lassen vergessen, dass man hier nicht an einem Meer, sondern mitten in einem der größten Binnenseen der Welt residiert, in einem Haus, das seinem Namen mehr als gerecht wird.

Jeden Abend saßen wir zusammen, kühles Bier oder gehaltvollen Rumcocktail im Glas, und sahen der Sonne beim Badengehen zu. Niemand sprach, wenn der grelle gelbe Ball, eingerahmt von zwei vorgelagerten winzigen Eilanden, seine Umgebung erst in dunkelrote, dann violette und schließlich schwarzblaue Schatten verwandelte und auch die Rufe der Aras und das Kreischen der Affen verstummten.

Tagsüber fuhren wir mit dem Boot von Insel zu Insel und entdeckten, dass jede einen eigenen Charakter entwickelt hat, der sich im künstlerischen Tun wiederfindet. Der Enthusiasmus der ersten Stunde und die Ausdauer, die es kostete, ihr winziges Stück Wohlstand zu erreichen, teilt sich noch immer mit, wenn man die Künstler bei einem Besuch nach ihrer persönlichen Motivation oder der Geschichte der eigenen Familie befragt – aber vor allem, wenn man den Malern und Holzschnitzern bei der Arbeit zusieht. Niemand von uns konnte ihren Angeboten widerstehen, und so flog bei jedem von uns mindestens ein Stück Solentiname mit zurück nach Europa.

Auf Mancarrón, der größten Insel, arbeiten die Künstler mit Balsaholz. Sie schnitzen Aras und Ameisenbären, Tukane und Schildkröten und alles, was sonst noch in ihrer Welt kreucht und fleucht. Die Rohlinge werden farbenfroh und kunstvoll bemalt.

Wir stiegen von der Anlegestelle bis hinauf zum Dorf und stellten uns vor, wie es auf der Insel ausgesehen haben mochte, bevor die Bewohner durch Schnitzmesser und Pinsel ihr Schicksal in die Hand nahmen. In der Ruhe, die uns auf Mancarrón empfing, war es kaum fassbar, dass ausgerechnet diese Insel in den Revolutionsjahren ein Zentrum politischen Umsturzes gebildet haben sollte. Davon zeugt jedoch zweifelsfrei ein in den Farben Schwarz und Rot der Befreiungsfront Nicaraguas gestrichenes Denkmal, das den Auseinandersetzungen dieser Zeit und drei jungen Männern von Solentiname gewidmet ist, die zusammen mit anderen Mitstreitern im Oktober 1977 die Kaserne der Nationalgarde in San Carlos besetzten und dabei ihr Leben ließen. Ich stand vor dem in den Himmel gereckten, futuristisch anmutenden Korpus und fragte mich, wie viele der jetzigen Bewohner des Archipels unter dem anschließenden Vergeltungsschlag der Regierung zu leiden hatten. Diktator Somoza ließ seine Truppen mit Schiff und Hubschrauber anrücken und zerstören, was er für Sinnbilder des Zusammengehörigkeitsgefühls auf Solentiname hielt: Die Schule, die Malwerkstätten, die Kirche, die Bibliothek, selbst die Hütten der Bewohner und Cardenals Haus wurden ohne Unterschied niedergebrannt. Die Mehrzahl der Bevölkerung rettete sich ins benachbarte Costa Rica, bis sie gefahrlos auf ihre Inseln zurückkehren und mit dem Wiederaufbau beginnen konnten.

Die Antwort auf meine Frage nach den Erinnerungen an die Revolutionstage und die Flucht ins Nachbarland bekam ich auf der nächsten Insel. Auf La Venada wurden wir von Insulanern begrüßt, die uns nicht nur ihre Kunst präsentierten, sondern mit uns auch die politische Situation unserer Länder, ihre Gemeinsamkeiten und Unterschiede diskutieren wollten. Ein Ehepaar lud uns in seine Hütte ein, in der es durch riesige Schatten spendende Bäume herrlich kühl war. Wir wurden mit dem Hefegebäck Picos empfangen und nicaraguanischem Kaffee, der so stark war, dass ich daheim daraus drei Kannen gekocht hätte. Wir machten es uns gemeinsam auf dem Boden oder Stühlen bequem und bewiesen so, dass tatsächlich Raum in der kleinsten Hütte ist, will man sich wirklich begegnen.

Unsere Gesprächspartner waren bestens über Deutschland informiert, vor allem über die Partnerstädte ihres

Landes. Und das nicht nur, weil zum Beispiel Wiesbaden, Frankfurt am Main und Nürnberg zu ihren Schwestern Ocotal, Granada und San Carlos damals wie heute Kontakt halten, sondern weil viele der Unterstützer Gastgeschenke aus den Kunstwerkstätten Solentinames erhalten haben.

Der Großvater unseres Gastgebers stammte aus einer Familie, die mit zu den ersten Kunstmalern des Archipels zählte. Er bestand darauf, ihre Insel nicht nur La Venada zu nennen, sondern auch Isla Donald Guevara – nach einem der drei jungen Männer des Archipels, für die das Denkmal auf Mancarrón errichtet wurde. Für ihn heißt die Hauptinsel auch Isla Felipe Peña, und San Fernando ist Isla Elvis Chavarría. Ich bekam von ihm eine einfache Landkarte geschenkt, in der nicht nur die Inseln mit beiden Namen aufgeführt sind, sondern auch Sehenswürdigkeiten, wie die Höhlenzeichnungen auf La Venada oder andere Hinweise auf präkolumbianische Kulturen der Inselgruppe.

Die Familie erläuterte uns die Pläne der Regierung in Managua, einen gigantischen Kanal vom Golf von Mexiko bis in den Pazifik zu graben, mit dem die Größe des Panamakanals um ein Vielfaches in den Schatten gestellt werden könnte. Die Wasserstraße würde direkt durch den Nicaraguasee führen und gänzlich von chinesischen Investoren finanziert. Sollte dieses Vorhaben eines Tages in die Tat umgesetzt werden, würde Solentiname aus seinem Dornröschenschlaf herauskatapultiert und zur Anlaufstelle von Schiffen aus aller Welt werden. Weder die Aussicht auf die Geschäftigkeit noch auf den daraus zu erwartenden Geldsegen brachte die Insulaner vom Wunsch ab, ihre Regierung möge sich noch Jahrhunderte mit den Geldgebern nicht über die Modalitäten des Vertrages einig werden können und den Bau so ganz von selbst vereiteln. Mit einem künstlichen Zugang zum Meer, befürchtete der Fischer in der vierten Generation, müsse der Nicaraguasee zwangsläufig versalzen und die seltenen Süßwasserfische, die nur noch die Tiefen des Nicaraguasees bevölkerten, würden ihres Lebensraums beraubt und sterben. Seine Frau konnte sich nicht vorstellen, woher all die Menschen von San Carlos bis Granada, die jetzt aus dem See trinken würden, danach noch ihr Frischwasser bekommen könnten. Sie war der Meinung, dass deutsche Bürgerinitiativen auf genau die richtige Art und Weise vormachten, wie ein solches Projekt zum Scheitern gebracht werden könne. »Es scheint bei euch immer zu helfen, wenn sich nahezu ausgerottete Tierarten in der Umgebung finden, um einen völlig sinnlosen Bau zu verhindern«, sagte sie. »Davon könnten wir hier jede Menge liefern, vom Bullenhai bis hin zu Leichhardts Sägerochen.«

Alle sahen es als Privileg an, ihre politischen Vertreter jetzt wählen zu können. Mitreden, mitentscheiden war und ist ihnen wichtig.

Eine Gesprächspartnerin auf San Fernando ging noch weiter, indem sie forderte, keine Regierung sollte länger als fünf Jahre durch dieselben Politiker gebildet werden dürfen. »Wer zu lange das Sagen hat, kann sich ein Leben ohne Einfluss bald nicht mehr vorstellen. Ganz gleich wie links, wie fortschrittlich, wie tapfer man gegen Unrecht gekämpft hat: Die Macht fasziniert.« Als sie das sagte, saßen wir alle um den großen Tisch in Maria Magdalenas Restaurant, und sie und ihre Mitarbeiter und Freunde beantworteten geduldig alle Fragen, die wir zum Leben auf dem Archipel hatten. »Wir dürfen nicht einschlafen über unseren Erfolgen«, sagte sie sinngemäß. »Wir müssen sie als Ansporn nehmen. Das ist das Schwerste nach einem Sieg über das Unrecht – nicht selbst ungerecht zu werden.«

Maria Magdalena bemalt Schildkrötenpanzer aus Balsaholz mit den allerschönsten Motiven. Eines davon hatte es mir besonders angetan, da es die üppige Vegetation in Grün- und Blautönen zeichnete und durch seinen Detailreichtum dennoch bunt und vielfältig wirkte. Sie könne sich beim Zeichnen verlieren, beim Malen in jeden Winkel des Archipels träumen, erklärte sie. Dass Pinsel, Farben und Schnitzmesser auf den Inseln irgendwann zur Seite gelegt würden, könne sie sich nicht vorstellen. Kunst ist zum Bestandteil des Lebens geworden.

Auf La Venada und San Fernando sind Leinwand und Ölfarbe das Medium, mittels derer die Künstler von ihrer Welt erzählen. Ihre Gemeinschaft hat eine Galerie der Inselkunst aufgebaut, die geöffnet wird, wenn Besucher auf die Insel kommen. Als unsere Gruppe kam, um sich die Gemälde anzusehen, saßen bereits mehrere Einheimische auf der überdachten Terrasse des Ausstellungshauses bei einem Schwätzchen. Sie hatten sich eingefunden, um zu sehen, wie ihre Kunstwerke auf uns wirken und welche wir auswählen würden. Martina und einige andere, die fließend Spanisch sprechen, wurden sofort mit in die Diskussionen einbezogen, um die Probleme der Welt auf bilateralem Wege zu lösen.

Ich stand währenddessen vor der schwierigen Aufgabe, mich mit mir auf eines der Bilder aus der Galerie zu einigen, und das war bei der Fülle des Angebots äußerst schwer. Ein riesiger Tukan mit lebhaftem Gefieder und menschlichem Augenzwinkern schied aus, weil ich ihn unmöglich unbeschadet die nächsten zwei Wochen durch Nicaragua bugsieren könnte und er ganz gewiss nicht als Handgepäck für den Heimflug durchginge. Eine Dorfidylle, in der man leicht die Häuser auf Mancarrón wiedererkennen konnte, konkurrierte mit einer Nachtszene, die den unbeschreiblichen Sternenhimmel wiedergab und einer einsamen Hütte im Regenwald, die von all den Tieren bewacht wurde, die wir auch von unseren Cabañas aus beobachten konnten. Die Farbpalette der Künstler gab satte, tiefe Farben vor. Pastelltöne fanden sie nicht einmal im Himmel oder im Wasser wieder. Ein Blick von der Terrasse der Galerie in die Wirklichkeit der Inselwelt bestätigte diese Wahl. Ich entschied mich schließlich für eine Szene, die widerspiegelte, was ich als Erinnerung von Solentiname mit nach Hause nehmen würde: dichtes Unterholz, darüber hoch aufragende tropische Bäume, die den Blick auf winzige vorgelagerte Inseln freigeben und Ruhe ausstrahlen. Ins Zentrum dieser Welt hatte die Künstlerin Lesbia Arellano ein Ruderboot mit einer Frau gesetzt, die von der Perspektive her sowohl ihre Hütte als auch das weite Wasser ansteuern könnte. Das Gemälde schien mir jede Menge Geschichten zu erzählen, um dunkle Wintertage und regennasse Zeiten in Deutschland besser zu überstehen.

Auf Inseln ohne Strom sollte man jede Minute Tageslicht ausnutzen, deshalb machte ich mich am letzten Morgen allein auf einen Spaziergang – zu einer Zeit, in der sich mein Wecker zuhause gerade aufs Klingeln vorbereitete. Dennoch war ich nicht die Erste auf dem Weg durch die kleine Siedlung von San Fernando. Bereits in der Morgendämmerung waren alle an Ort und Stelle. Ein Bootsbauer bearbeitete den Bug einer neuen Lancha. Sein Hämmern hallte weit und begleitete mich ebenso auf meinem Weg wie ein kleiner Hund, der mich erst von Haus zu Haus und schließlich bis hinein in den Regenwald führte, ganz so, als würden wir gemeinsam Gassi gehen. Vor fast jedem

Haus, an dem wir vorbeischlenderten, stand ein Tisch voller Malutensilien. Ein kleiner Junge reinigte Pinsel im Wasser des Sees, während seine Mutter Wäsche auf die Leine hängte. Hühner pickten Körner aus einer Keksdose aus Blech, wobei jedes Picken durch die Metallwände ein Echo fand und damit meinen vierbeinigen Begleiter so zur Weißglut brachte, dass er wie ein Berserker dazwischenging. Das hatte aufgeregtes Gackern und Flattern eines halben Dutzends erschrockener Hühner zur Folge, was wiederum zwei riesige Aras in den Bäumen über uns aus der Ruhe brachte. Sie breiteten ihre Schwingen aus und zogen sich kreischend auf eines der kleinen Eilande zurück, das nah genug gewesen wäre, um ihnen nachzuschwimmen.

Der kleine Junge, seine Mutter und ich lachten gemeinsam über die Kakofonie, dann wurde ich gefragt, ob ich zu der Gruppe gehörte, die im Paraiso wohnten. Als ich nickte, zeigte die junge Frau auf eine Lancha, die gerade ablegte. »Mein Mann fährt heute rüber aufs Festland«, erfuhr ich. »Er hat einen sehr wichtigen Auftrag zu erfüllen: Er soll jede Menge Toña und Victoria Clásica und Flor de Caña einkaufen.«

»Er fährt nur wegen Bier und Rum bis nach San Carlos?«, fragte ich erstaunt und dachte an die annähernd zwei Stunden, die wir von dort bis nach San Fernando gebraucht hatten.

»Normalerweise nicht«, erklärte sie mir und grinste: »Maria Magdalena hat sonst immer einen Extravorrat an Getränken, aber der ist seit gestern Abend auch weg. Mit deutschem Durst hat sie nicht gerechnet.«

Ich lud sie und ihre Familie sofort zum Sundowner auf die Terrasse ein, damit sich die lange Fahrt für sie und ihren Mann auch wirklich lohnte, und beglückte meine Gruppe beim Frühstück mit der Aussicht, für unseren letzten Abend genug flüssigen Zündstoff für Gespräche zu haben.

Am Abend beobachteten wir erst wieder das spektakuläre Sonnenuntergangsdrama, um danach durch das Sternenmeer über uns zu begreifen, wie viel mehr davon an einem Ort zu sehen ist, an dem Lichtverschmutzung noch als Fremdwort gilt. Von mir bekamen die Inseln noch einen zusätzlichen Stern, weil sie auch nach Jahrzehnten noch mit Hingabe ihr Können demonstrieren und an der Genossenschaft der Malenden und Schnitzenden festhalten, die ihnen ihr Auskommen sichert.

An das durch das Tageslicht und die tropischen Nächte beeinflusste Leben auf dem Archipel denke ich als Erstes, wenn ich von meinem Schreibtisch aufschaue und das Bild sehe, das seit meiner Rückkehr auf einem Ständer in dem Bücherregal steht, in dem ich meine Literatur aus Lateinamerika versammelt habe. Von Gioconda Belli über Mario Vargas Llosa und Antonio Skármeta bis hin zu Clarice Lispector steht alles griffbereit, was mir den Subkontinent erklärt. Es wird aber nicht annähernd so oft herausgezogen wie *Das Evangelium der Bauern von Solentiname*. Das Buch bringt mir beim Lesen die Gelassenheit zurück, die über den Inseln liegt, und das Staunen darüber, dass es einen Ort fernab vom Getöse der Welt gibt, an dem Malerei nicht als brotlose Kunst gilt, sondern den Stellenwert hat, den ich mir für Musik, Malerei und Literatur überall auf der Welt wünsche.

Solentiname füllt Ihren Erinnerungskoffer mit ...

... den Lauten des Regenwaldes zu Sonnenuntergang, wenn die Vögel langsam verstummen, und an das Zwitschern Tausender bunt gefiederter Wecker im Morgengrauen,

... der Gewissheit, dass es selbst im entferntesten Winkel der Erde möglich ist, durch Kunst etwas zu verändern. Der Pinsel und die Feder sind vielleicht nicht mächtiger, aber auf jeden Fall schöner als das Schwert,

... der Erkenntnis, dass ein paar Tage ohne Elektrizität, ohne Internet, ohne Smartphone nicht nur auszuhalten, sondern im besten Sinne des Wortes »besinnlich« sind.

Geschmackvolle Souvenirs:

✓ Schnitzereien aus Balsaholz

✓ Gemälde, die mit üppigen Farben bezaubern und den Regenwald samt dem Zwitschern tropischer Vögel in die eigene Stube holen

✓ nicaraguanischer Rum, der aber nicht nur in einem Nica Libre, der nicaraguanischen Version des Cuba Libre, genossen werden sollte, sondern auch mit frischen Fruchtsäften oder wie ein guter schottischer Whisky: ganz für sich allein

✓ Rezepte, Rezepte, Rezepte, vor allem eines mit scharfer Soße, die man zu frischem Weißbrot genießen kann

✓ die Idee, sich daheim näher mit den Partnergemeinden der eigenen Stadt zu beschäftigen, ganz gleich wo sie liegen und damit in Kontakt zu Menschen treten, die nicht nur gerne teilen, was sie wissen, sondern auch, wer sie sind – die größte Attraktion eines jeden Landes

Vor dem Ein- oder nach dem Ausschiffen zu lesen:

Wer nicht selbst nach Solentiname reisen kann, hat die wunderbare Chance *Das Evangelium der Bauern von Solentiname* oder *Die Jahre in Solentiname (Erinnerungen Band 2)* von Ernesto Cardenal zu lesen und sich in eine Welt hineinzudenken, in der das Wort »Gemeinschaft« nicht nur gelebt, sondern gemalt wird.

Gioconda Bellis Romane, Erinnerungen und Gedichte über Nicaragua und die Zeit des Widerstandes, wie in *Die Verteidigung des Glücks*, um durch die Wahrnehmungen und Erlebnisse einer Frau die Ergänzung zur Weltsicht Cardenals zu bekommen.

Musik der Grupo Sal, mit der Ernesto Cardenal viele seiner Auftritte gestaltete und die heutzutage auch mit der nicaraguanischen Schriftstellerin Gioconda Belli zusammenarbeitet.

Ken Loachs einfühlsamer Spielfilm *Carla's Song*, mit Robert Carlyle in der Hauptrolle, beleuchtet nicht nur die nicaraguanische Revolution aus der Sicht einer Einheimischen und eines Schotten, sondern erzählt auch, warum Menschen zu Migranten werden – und hinterlässt uns nach dem Abspann reicher an Bildern, Gedanken und Gefühlen.

Willkommen im Regenwald
Danpaati
OBERLAUF DES SURINAME, DAN, SURINAME

Zufälle sind das Salz in der Suppe des Lebens. Ich liebe es, wenn mir wundervoll Unerwartetes zufällt, dessen Einfluss auf mein Leben ich zwar nicht sofort begreife, von dem ich aber ahne, dass es das Fundament zu etwas Bedeutsamem sein könnte. Diese Zufälle schwingen meine wohlgesetzten Planungen in eine frische Richtung und schieben dabei meinen Horizont in unerforschte Weiten. Ich nenne sie »Elefantenmomente«, weil sie größer und bewegender sind, als das gelassene, in langsamer Schrittweise entstehende Bild zunächst vermuten lässt.

Eine dieser kolossalen, lebensverändernden Momente entschied über meine lebenslange Liebe zu Suriname, dem kleinsten Land Südamerikas, das ich erst 35 Jahre später betreten durfte, aber in der Theorie bereits in- und auswendig kannte – samt aller Inseln, die es beherbergt.

Ich hatte die Schule mit knapp sechzehn Jahren verlassen, einen Beruf gelernt, gearbeitet, vom Reinerlös fleißig Inseln gesammelt und war nebenbei den zweiten Bildungsweg entlanggeschlendert, ohne Absicht, mit der Hochschulzugangsberechtigung tatsächlich etwas anfangen zu wollen. Als ich sie dann allerdings in der Tasche hatte, bekam ich von allen Seiten Vorschläge, was ich jetzt studieren könnte: Von Medizin bis Byzantinistik war alles dabei – je nachdem, was meine Berater interessierte oder was sie selbst gerne studiert hätten. Ein Argument meiner Freundin Margit ließ mich das voluminöse Studienhandbuch der Freien Universität Berlin wälzen: »Wähle nicht aus Vernunft, wähle aus Leidenschaft.«

»Du meinst ›brotlose Kunst‹?«

»Was kann schon passieren, außer dass du lernen darfst, was dich interessiert, erfährst, wovon du vorher keine Ahnung hattest, und endlich über mehr als 21 Urlaubstage im Jahr verfügst, um Inseln zu sammeln?«

Mein Gegenargument: »Für Reisen fehlt mir als Studentin das Geld«, schmetterte sie ab: »Dann jobbe in deinen Zielgebieten!«

Das zog.

Da die Studienberatung mir leider keine »Angewandten Inselwissenschaften« bieten konnte, wollte ich mich für das Zweitbeste einschreiben, was es für mich gab: Amerikanistik und Lateinamerikanistik. Der gesamte Kontinent hatte mich schon als Kind fasziniert, war ich doch lesend auf den Eroberungszügen eines Francisco Pizarro, Hernán Cortés und Hernando de Soto dabei gewesen und hatte mich durch die Lektüre vehement auf die Seite von Pocahontas, Sacajawea, Chief Seattle und Winnetou geschlagen. Genau diese Vorlieben teilte ich der Dame hinter dem Tresen des Immatrikulationsbüros mit. Sie nickte verständnisvoll, fragte aber auch nach einem zweiten Nebenfach mit zusätzlicher Fremdsprache, was notwendig würde, wollte ich erfolgreich das große Latinum umgehen. Leider konnte ich diese Forderung nur nebulös mit Sympathien für das südliche Afrika und Australien beantworten. Die teilte sie zwar, hatte aber auch keinen Vorschlag, welches

Fach dadurch auf meinen Studentenausweis gehörte. Ich zog mich deshalb mit dem Studienhandbuch zur Beratung in die Cafeteria des John-F.-Kennedy-Instituts zurück und saß etwas hilflos und sehr unentschlossen vor einer Tasse Kaffee. Am Nebentisch unterhielten sich drei Kommilitonen, die offenbar ihre Immatrikulation bereits in der Tasche hatten, über ihre Fächerkombinationen. Zwei wollten auf Lehramt studieren und waren so aus dem Schneider, denn für die Arbeit in der Schule galten anscheinend andere Voraussetzungen als für Magisterstudiengänge. Nummer drei hatte dasselbe Problem zu bewältigen gehabt wie ich. Meine Ohren drehten sich wie Parabolantennen in seine Richtung, als er sinngemäß sagte: »Blöd, wenn man plötzlich ein drittes Fach mit einer weiteren Sprache aus dem Hut zaubern muss. Ich habe ewig gegrübelt, wie ich neben meinen Vernunftfächern Anglistik und Germanistik auch meine persönlichen Vorlieben abdecken könnte und obendrein um das große Latinum herumkäme.« Mit dem nächsten Satz warf er mir meine Zukunft zu. »Ihr wisst ja, wie häufig ich nach Amsterdam fahre, da lag die Entscheidung quasi auf der Hand: Ich studiere niederländische Philologie. Das passt zur Germanistik und guckt obendrein über den europäischen Tellerrand nach Südafrika und Lateinamerika.«

Meine Augen wurden weit vor spontaner Erkenntnis. Mit Herzklopfen und zittrigen Fingern schlug ich das Fach im Studienhandbuch nach und erkannte den mir zufallenden Wert dieser Unterhaltung als den bahnbrechenden Elefantenmoment, der er war: Keine andere Kombination würde sich mit meinem Lateinamerikastudium so harmonisch ergänzen wie ein ganzer Sack voll karibisch-niederländischer Inseln und ein exotisches Land wie Suriname, von dem so gut wie niemand etwas weiß! Eine selige Verknüpfung, auf die ich auch in sieben kalten Wintern nicht gekommen wäre. Ich konnte meine Erleichterung kaum fassen – und musste sie deshalb umgehend mit dem Urheber teilen. Ich stand auf, stellte mich mit Handschlag vor und sagte: »Danke für diese umwerfend gute Idee. Wir sehen uns im Sprachkurs, Kollege!«

An diese glückliche Fügung und all die wunderbaren Kommilitonen, Vorlesungen, Aha-Erlebnisse, Stipendien und daraus resultierenden Arbeitsstellen und Filmarbeiten, die mir dieses Studium schenkte, musste ich denken, als ich im kleinen Ort Atjoni am Ufer des Stromes stand, der sich mit seinem Land den Namen teilt. Der mächtige Suriname sollte mir endlich in der Realität zeigen, worauf ich mich all die Jahre vorbereitet hatte – durch den Besuch der Flussinsel Danpaati in den Tiefen des Regenwaldes, mitten in der nördlichen Amazonasregion.

Atjoni ist der Endpunkt einer der wenigen ausgebauten Straßen, die von der Hauptstadt Paramaribo ins Landesinnere führen. Der quirlige kleine Ort ist Handelsplatz, Proviantstelle und Kommunikationsplatz zugleich. Hier kann man sich mit all dem eindecken, was im Dschungel nicht auf Bäumen wächst. Umgeschlagen wird alles von Toilettenpapier bis zur Steige Tomaten in die eine und von Schlangenserum bis Schamanenmedizin in die andere Richtung. Transportiert werden sämtliche Güter und Personen per Korjaal, den von Einheimischen aus Baumstämmen herausgearbeiteten typischen Langbooten. Sie sind so schmal, dass zwei Personen nebeneinander das Boot von Bordwand zu Bordwand ausfüllen. Hintereinander finden so zehn bis sechzehn Personen Platz, je nachdem wie lang der Einbaum ist oder wie viel Fracht an Bord genommen wird. Ein einfaches Querbrett zum Sitzen und eine herausnehmbare Holzlehne sind alles, was dem Reisenden zur Verfügung stehen. Durch die gepolsterten Schwimmwesten, ohne die der Skipper keinen Passagier Platz nehmen lässt, ist die Sitzposition jedoch äußerst gemütlich, zumal ein Korjaal sehr ruhig im Wasser liegt – es sei denn, der Bootsführer treibt seinen Außenborder zu Höchstleistungen an. Da kann die Spitze schon mal steil aus dem Wasser ragen und eine ansehnliche Bugwelle produzieren … vorzugsweise ohne Passagiere.

Ich verstaute mein Gepäck nicht alleine unter wasserdichten Planen, sondern hatte neun aufgeschlossene, neugierige Freunde dabei, die mit mir zusammen Südamerikas holländische Seite kennenlernen wollten.

Das niederländische Erbe Surinames reicht bis ins 17. Jahrhundert zurück. Im Frieden von Breda von 1667 erkannten die Engländer die niederländische Vorherrschaft in der Region an und erhielten im Gegenzug Gebiete an der Ostküste der heutigen USA mit dem Verwaltungssitz Nieuw Amsterdam, das sie nach dem Duke of York in New York umbenannten.

Surinames Reichtum bestand damals aus Kaffee, Kakao, Zuckerrohr und Baumwolle, die auf Plantagen erwirtschaftet wurden, die Sklaven aus Afrika dem Dschungel abgerungen hatten. Allerdings ernteten sie dafür kein Lob von ihren Herren, sondern eine so üble Behandlung, dass die Grausamkeit selbst sich gewundert haben muss, wie erfinderisch man in ihrem Namen sein kann.

Die geschundenen Afrikaner flohen vor dem Joch ihrer Herren in den Dschungel und lernten – häufig durch Hilfe der indigenen Urwaldbewohner –, in ihrer neuen Umgebung zu überleben. Die entlaufenen Sklaven entwickelten im Laufe der Zeit eine ganz eigene Kultur, die die vielen unterschiedlichen Ethnien Afrikas, aus denen sie stammten, zu einer neuen verband: den Maroons. Bis heute nennen sich viele ihrer Nachkommen selbst *Bosnegers* und ziehen beim Hinweis auf fehlende politische Korrektheit dieser Bezeichnung ihre Augenbrauen nach oben.

»Wer wir sind, wissen wir besser, weil wir uns daran erinnern, welchen Mut es erforderte, zu flüchten, immer in Angst zu leben und sich trotz der Entbehrungen im Urwald neu zu erfinden, eben Buschneger zu werden«, sagte mir ein junger Saramakkaner und damit Mitglied einer der größten Gruppen innerhalb der Maroons. Auch Prince, ein junger Mann aus dem nahegelegenen Dorf, der jetzt für die *Danpaati River Lodge* arbeitete, vermittelte allen Gästen stets die Achtung gegenüber den Gründern seiner Kultur – und das auf sehr sympathische und oft humorvolle Weise. Er war nach seinem Studium in der Hauptstadt in den Busch zurückgekehrt, um Touristen wie mir seine Welt zu erklären, und war verständlicherweise stolz auf Vorfahren, die sich der Sklaverei entzogen und Suriname auf ganz besondere Weise geprägt haben. Seiner Meinung nach ist ein Besuch bei seinesgleichen unbedingt notwendig, will man Land und Leben jenseits der Hauptstadt Paramaribo wirklich verstehen.

»Wo gibt es das noch einmal auf der Welt?«, fragte er, »dass Menschen vieler verschiedener afrikanischer Völker sich gegenseitig aus der Sklaverei befreien und gemeinsam zu einem Neuen werden?«

Natürlich waren die Maroons auch nach der Abschaffung der Sklaverei nicht bereit, wieder für die alten Herren zu arbeiten. Die Niederlande holten deshalb massiv männliche Arbeitskräfte aus den ostindischen Gebieten, vornehmlich Java, ins Land. Später kamen Inder und im späten 19. und frühen 20. Jahrhundert noch Chinesen dazu.

Die Vielfalt dieser Einwanderungsgruppen spiegelt sich im Land bis heute wider. Suriname zählt mit seinen rund 500 000 Einwohnern und 20 aktiv genutzten Sprachen zu den ethnisch, kulturell und sprachlich vielfältigsten Ländern der Erde.

Jede denkbare Religion ist hier vertreten. In Paramaribo liegen Moschee und Synagoge direkt nebeneinander, die größte christliche Kirche prägt das Stadtbild ebenso nachhaltig wie der eindrucksvolle Hindutempel. Die Maroons haben auf afrikanische Traditionen und Glaubenswurzeln zurückgegriffen und mit Winti eine eigene Religion entwickelt, die an das brasilianische Candomblé erinnert. Von Danpaati bis zur Grenze mit Brasilien oder gen Osten bis Französisch-Guayana gibt es bis heute kaum christlich-westlichen Einfluss auf den Lebensstil der Maroons. Noch immer dürfen die Maroondörfer von Fremden nur mit Erlaubnis des *Kapitein*, einer Art Dorfvorsteher, betreten werden. Die ausgestandenen Ängste und die Entbehrungen sowie die daraus resultierten Lebensumstände und Gebräuche prägen das Leben der Dörfer bis heute wesentlich.

Fotografieren ist grundsätzlich verboten – es sei denn, man wird dazu eingeladen. Als ich mit Prince über dieses Verbot sprach, erklärte er mir, dass sie Fotos von nackten Kindern und spärlich bekleideten Frauen in Zeitschriften und im Internet wiedergefunden hätten und eine solche Zurschaustellung in Zukunft verhindern wollten: »Heutzutage weiß man nicht, wo die Fotos landen, ob jemand

Geschäfte damit macht. Wir wollen aber die Macht über uns in allen Dingen behalten. Das ist uns wichtig, seit wir vor der Macht anderer geflohen sind. Außerdem: Wer braucht schon Fotos? Wie oft sieht man sie sich später wirklich an? Schau einfach genau hin, dann hast du uns immer im Kopf.«

Auch auf dem Weg nach Danpaati beherzigte ich den Wunsch der Bewohner, ausschließlich Landschaft und keine Menschen zu fotografieren. An jeder Flussbiegung fanden sich unzählige Fotomotive.

Kurz vor der nächsten Regenzeit führte der Suriname weniger Wasser als normalerweise, und unser Bootsführer Imro stellte gleich zu Anfang klar: An Stromschnellen oder seichten Stellen müssten die Männer der Gruppe aussteigen und mithelfen, die Boote wieder ins Fahrwasser zu bugsieren, sollten wir stecken bleiben. Ich protestierte! Da wollte ich unbedingt dabei sein. Einen Einbaum über Hindernisse zu bringen – war ich dafür nicht auf die Welt gekommen?!

Mit Errol hatten wir einen erfahrenen Urwaldführer dabei, der uns riet, bei einer solchen Aktion unsere Kleidung und unsere Schuhe getrost anzubehalten. Die Sonne würde alles schneller wieder trocknen, als uns lieb wäre. Auf dem Wasser gibt es schließlich keinen Schatten, nicht bei einem Fluss, der zwischen 20 und 900 Metern Breite variiert und erst recht nicht in einem Korjaal ohne Netz und doppelten Boden, geschweige denn Dach.

Ich tauchte etwa alle halbe Stunde mein Kopftuch ins Wasser und klatschte es mir wieder auf den Kopf, um dem Körper Kühlung zu gewähren. Ansonsten war ich mit Schauen und Staunen beschäftigt und kostete das Gefühl aus, nach einer Reise, die an einem grauen Tag in Berlin in einer von Studenten geführten Cafeteria begonnen hatte, endlich am Ziel angekommen zu sein. Ich grüßte begeistert jedes einzelne Dorf, für die der Fluss Handelsstraße, Rettungsweg und Lebenselixier zugleich ist, und winkte den Booten, die uns entgegenkamen.

Es gibt trotz der Größe des Landes nur etwa 4000 Kilometer leidlich ausgebaute Straßen, alles andere wird über die Wasserwege abgewickelt oder per Flugzeug zurückgelegt. Auf diese Überfliegervariante wollte meine Gruppe gerne verzichten, um auf traditionelle Weise auf Danpaati anzukommen, ganz wie Einheimische auf Besuch bei Freunden. Denn wie Freunde würden wir empfangen werden, das hatte Errol uns versprochen, als er mit uns zur Ablegestelle fuhr. Als er uns mitteilte, dass wir, wenn alles glattginge, bis zur Insel etwa drei bis vier Stunden stromaufwärts fahren würden – vielleicht auch fünf – zuckten einige von uns zusammen. Wir benötigten aber keine fünf Minuten auf dem Wasser, bis wir auch das Doppelte in Kauf genommen hätten. Der Regenwald blätterte sich vor uns auf wie ein exotisches Bilderbuch, sodass niemand von uns auf die Zeit achtete oder auch nur eine Minute missen wollte.

Die Ufer, auf denen entweder dichter Wald thronte oder von denen lebhaftes Dorfleben herunterschallte, ragten zeitweise wie Steilhänge neben uns in die Höhe. Nach der Regenzeit würde wieder so viel Wasser dem Meer zustreben, dass die Hänge verschwunden und die Boote mit den Dörfern auf gleicher Höhe wären. Aber in diesem Jahr schien Regen einfach nicht kommen zu wollen, erklärte unser Bootsführer besorgt. An vielen Stellen kämen schon Felsen aus dem Wasser, die er in seinem Leben noch nie gesehen hätte. Er platzierte einen jungen Kollegen am Bug des Bootes, der Ausschau nach Unwägbarkeiten hielt und mit einem Stab die Wassertiefe auf Befahrbarkeit prüfte.

Aber Imro verstand sein Handwerk. Selbst wenn ich dachte, zwischen diesen Felsen passen wir niemals hindurch, steuerte er mit solcher Vehemenz auf die Lücke zu, dass uns die schiere Geschwindigkeit über die Untiefe katapultierte. Die ersten Stromschnellen passierten wir mit einem beträchtlichen Schwall Wassers, die unsere leichte Tropenkleidung völlig durchnässte und uns erklärte, warum jedes unserer Gepäckstücke in einem gut verschnürten Plastiksack verstaut worden war.

Der Dschungel Surinames ließ mich voll Bewunderung an die beiden Heldinnen denken, auf deren Spuren ich endlich unterwegs sein konnte: die deutsche Naturforscherin Maria Sibylla Merian, die sich ab 1699 tief ins Landesinnere vorgewagt hatte, um nie erreichte Zeichnungen von Schmetterlingen, tropischen Insekten und exotischer Flora mit nach Europa zu bringen, und an Aphra Behn, der ersten Schriftstellerin der englischen Literaturgeschichte, die von ihrer gedanklichen und künstlerischen Arbeit leben konnte und seit April 1689 ehrenvoll in Westminster Abbey begraben liegt.

Über Maria Sibylla Merian gibt es viele Biografien, die ihren Aufenthalt in Suriname und ihre faszinierende Persönlichkeit schildern. Ihr Porträt zierte den 500-DM-Schein und die 40-Pfennig-Briefmarke. Dennoch schien kaum jemand in meiner Umgebung sie zu kennen, geschweige denn das Land, das ihren Ruhm begründete. Aphra Behns Verbindung zu Suriname wurde durch ihre Eltern geknüpft, die sie schon als Kind in die Tropen brachten. Wie sehr dieser Aufenthalt sie prägte und welch fortschrittlichen Geistes Kind sie war, zeigte sie Jahrzehnte später mit ihrem Buch *Oroonoko oder der königliche Sklave*, das bereits 1709 in deutscher Sprache vorlag. Mit diesem Werk lieferte sie nicht nur der Anti-Sklaverei-Bewegung Argumente, sondern schuf auch den ersten Roman britischer Erzählkunst überhaupt.

Diese beiden Frauen trotzten Gelbfieber, Männerherrlichkeit und finanziellen Problemen und bereisten Suriname zu einer Zeit, als selbst eine Kutschenfahrt ins Nachbardorf in Europa noch eine Herausforderung darstellte. Ich bekam das Grinsen aus meinem Gesicht nicht mehr weg, seit ich in einem Einbaum auf dem Suriname saß und feststellte, dass ihre Fußstapfen zwar groß und mit Reifrock umspielt gewesen waren, aber sie mir genug Abenteuer übergelassen hatten, über das sich zu schreiben lohnte.

Je weiter wir gen Süden fuhren, desto mehr mächtige Felsbrocken, von Trillionen Litern Regenwaldwasser glatt gewaschen, ragten aus dem Fluss und desto häufiger musste Imro seinen Kurs ändern. Trotzdem liefen wir vor einer viel frequentierten Wäschestelle auf Grund. Auf einem nahen Felsen trocknete Kinderkleidung, und zwei Frauen bearbeiteten so etwas wie Laken oder Decken mit Seife und Flusswasser, als es unter unserem Bug verdächtig knirschte und wir festsaßen. Das halbe Dorf war in Sekunden auf den Beinen. Kleine Jungen sprangen ins Wasser und tauchten Sekunden später lachend und prustend neben unserer Bordwand wieder auf, um uns ins Fahrwasser zurückzuschieben. Ihre Bemühungen wurden vom Ufer aus mit guten Wünschen für uns und wohlmeinenden Sticheleien gegenüber dem allerorts gut bekannten Skipper kommentiert. Er ließ sich nicht aus der Ruhe bringen, sondern tauschte Komplimente mit einer jungen Wäscherin aus, die sichtlich von ihm angetan war. Ich wurde den Verdacht nicht los, dass Imro sein Boot an dieser Stelle ganz freiwillig und gut gezielt in die sprichwörtliche Enge getrieben hatte, zumal er trotz mehrfacher Warnungen unseres Ausgucks seinen Kurs Richtung Wäscheplatz nicht geändert hatte. Das sehnsuchtsvolle Winken beim Abschied ließ denn auch vermuten, dass wir für den Geschmack der beiden viel zu schnell wieder mehr als eine Handbreit Wasser unter dem Kiel hatten und Imro nicht das Geringste dagegen einzuwenden gehabt hätte, in Zukunft an dieser Stelle dauerhafter vor Anker zu gehen.

Eine weitere halbe Stunde stromaufwärts schmiss er uns an einer seichten Stelle aus dem Boot. Die vor uns liegenden Jaw-Jaw-Stromschnellen führten sehr wenig Wasser und waren für unser Gesamtgewicht unpassierbar. Wir kletterten aus unserem schwankenden Gefährt und machten uns zu Fuß auf den Weg zu einer Stelle, wo es uns wieder aufnehmen konnte. Die Wanderung führte durch den Regenwald bis zu einem kleinen Resort. Die Luft schwirrte vor Staub und Hitze, und mein Kamerarucksack fühlte sich auf meinem Rücken an wie ein vorgewärmter Backstein. Schon nach wenigen Metern fehlte uns die kühle Brise des Fahrtwindes schmerzlich, und wir sehnten uns aufs Wasser zurück. Deshalb waren alle heilfroh, als das Tuckern der Außenborder zu hören war und Imro und seine Korjaals um die Landzunge bogen. Erleichtert setzten wir die Fahrt fort – bis wirklich *nichts* mehr ging!

Diesmal hatte keine junge Wäscherin Schuld an unserem Aufenthalt: Riesige Felsbrocken versperrten den Weg, die bei normaler Wasserhöhe nicht einmal zu ahnen gewesen wären. Weit entfernt von jeglicher menschlichen Behausung wurden die Männer aus dem Boot beordert und standen hüfthoch im Wasser, um die Damen und die Ausrüstung weiterzuschieben.

Ich wurde von Errol mit den Worten beruhigt: »Diesmal die Männer, beim nächsten Mal ihr!«

Leider kam die Frauenpower nicht mehr zum Einsatz, weil Imro zu umsichtig fuhr oder ständig Freunde zur Hand hatte, die weiterhalfen. Ich hoffte ganz eigennützig auf weitere Tage Dürre, damit die Rückreise mir so oft wie möglich eine wirklich gute Entschuldigung liefern würde, mich mit voller Montur ins Wasser gleiten zu lassen und Urwaldforscherin spielen zu dürfen. Freie Universität Berlin? An der Humboldt-Universität hätte ich studieren sollen!

Es war fast eine Enttäuschung, als Errol auf eine kleine Insel mitten im Strom zeigte und sagte: »Da liegt euer Zuhause für die nächsten Tage. Das ist Danpaati!«

Aus der Ferne konnten wir sehen, wie am Landesteg Leute zu unserer Begrüßung auftauchten, aber Imro manövrierte uns per Paddel zur Inselspitze, weil der Außenborder die Anfahrt nicht so genossen hatte wie wir und jetzt einfach keinen weiteren Meter mehr funktionieren wollte. Erleichtert stellte ich fest, dass ich mir jetzt doch noch nasse Füße holen und durch sanfte Wasser und über rund geschliffene Felsen den Rest zur Insel laufen durfte.

Bei einem kleinen Pavillon kletterten wir über eine Holzleiter an Land. Ich nahm mir die Zeit, stehen zu bleiben und den Fluss hinunterzugucken: In den Stromschnellen badeten Kinder, am entgegengesetzten Ufer scheuerten Frauen Töpfe und Pfannen, ein Junge angelte. Zwischen Tropenbäumen schimmerten die Häuser des Dorfes Dan hindurch, zu dem die Insel Danpaati gehört. Ein Stück weiter stromabwärts war die Schule auszumachen, zu der die

Kinder aus weitem Umkreis jeden Morgen mit dem Einbaumbus gebracht und abends wieder abgeholt werden. Die Insel Danpaati finanziert aus Spenden der Gäste und aus Erlösen ihrer *River Lodge* das Gemeinschaftszentrum Paati Koni unterhalb der Schule, in dem sich auch eine Mediathek mit Büchern und Spielen sowohl für Erwachsene als auch für Kinder befindet. Wer von den Besuchern der Insel künstlerische oder praktische Fähigkeiten hat, ist herzlich eingeladen, dieses Wissen in Kursen an die Dorfbewohner weiterzugeben. Im Gegenzug lernen sie, was die Maroonkultur an Tänzen, Urwaldwissen und Gastfreundschaft zu bieten hat.

Die Mehrzahl der Mitarbeiter auf Danpaati Island sind Saramakkaner aus den umliegenden Siedlungen. Sie wollen Verständnis für eine Lebensweise wecken, die zwar aus Not entstand, heute aber mit Stolz und Traditionsgefühl weitergelebt wird. Wie in den Anfangszeiten darf ein Mann auch heute noch mehr als eine Frau heiraten – allerdings muss er jeder von ihnen ein eigenes Haus bauen. Elionore, die engagierte Managerin der Insellodge, erklärte es so: »Das Leben im Urwald barg Gefahren, die den entlaufenen Sklaven unbekannt waren. Ich spreche nicht nur von Gelbfieber oder gefährlichen Tieren wie der Korallenotter oder dem Jaguar, sondern auch davon, dass der Mann bei der Jagd oder beim Fischen verunglücken konnte. Außerdem war da immer die Angst, von den Häschern der Plantagenbesitzer wieder eingefangen zu werden. Im Dorf musste deshalb eine Atmosphäre der Sicherheit geschaffen werden. Die Frauen sollten einen großen Familienkreis haben, der ihnen weiterhelfen würde, wenn der Mann getötet würde. Jemand, der sie auffangen könnte. Deshalb ist zwar der *Kapitein* ein Mann, aber die

Erbfolge läuft über die Seite der Frau. Die Kinder gehören immer der Mutter.«

Auf meine Frage, ob ein solches Leben ohne Eifersucht gelingt, rollte Prince amüsiert mit den Augen: »Ganz bestimmt nicht, denn jede Frau will das schönste Haus haben und die artigsten Kinder.« Er seufzte theatralisch: »Da hatte meine Mutter mit mir schon mal schlechte Karten. Dafür ist aber unser Haus tipptopp.«

Ich gab ihm recht. So aufgeräumt und blitzsauber, wie es war, hätte es auch als Ausstellungsraum für gut präsentierte Küchenutensilien dienen können.

»Der Stolz unserer Frauen sind ihre Töpfe. Die werden so lange mit Flusssand gescheuert, bis kein Stadtspiegel ihnen gleichkommt.« Prince grinste breit. »Ich habe immer Angst, dass meiner Mutter beim Putzen die Wände durchbrechen …«

»Ändern sich eure Bräuche mit der modernen Zeit?«, wollte ich wissen und zeigte auf das Smartphone in seiner Hosentasche, das allerdings nur auf der Insel unbeschränkt funktionierte.

Er nickte. »Die meisten Dörfer haben jetzt an mindestens einem Platz eine Stromquelle. Trotzdem ist das Leben hier am Oberlauf des Suriname noch weitestgehend wie zu Beginn.« Prince kehrte seine Hände in einer Was-soll-ich-sagen-Geste nach außen. »Wenn die Frauen sich hier einig sind, hat ein Mann zwar drei Häuser gebaut, kommt aber in keins rein, ohne erst getan zu haben, was sie wollen.«

Ich musste bei unserem Gespräch an ein anderes Maroondorf denken, in dem ich das etwas abseits vom Dorf gelegene »Haus der Frauen« betreten durfte. Dorthin ziehen sich die erwachsenen Frauen während der Tage ihrer Menstruation zurück. In dieser Zeit sollen sie nicht arbeiten und nicht am Dorfleben teilnehmen.

»Das kommt dir rückständig vor, stimmt's?«, hatte Drina gefragt, die mit mir hingegangen war. »Ich sehe das anders: Ich muss mich mal eine Woche um gar nichts kümmern. Sogar das Essen bekomme ich gebracht. Ich kann im Schatten sitzen, Handarbeiten machen oder in der Hängematte liegen und schlafen. Eine Woche lang bin ich völlig Herrin meiner Zeit und kann darauf vertrauen, dass die anderen meine Aufgaben erledigen.« Sie zwinkerte mir zu: »Du hast einen Monat im Jahr Urlaub. Ich habe jeden Monat eine Woche.«

Das Haus, das keiner der Männer betreten darf, war das größte im Dorf und hatte einen zentralen Raum, in dem gemütliche Kissen zum Ausruhen einluden, ebenso wie eine Hängematte, die in einem schattigen Bereich aufgehängt war. Es war trotz der Mittagsstunde herrlich kühl. Durch die offenen Fenster drang von Ferne der Klang einer traditionellen Musikgruppe mit Trommeln und Trompeten herein, die für die Beerdigung am Nachmittag übten, bei der sie den Trauerzug anführen sollten. Sonst atmete alles Ruhe und Zeitlosigkeit.

Ich gebe zu, in diesem Moment war ich gewillt, meine Zivilisationsschranken zu ignorieren, um für ein paar Tage faulenzend in das Haus einzuziehen und die Hängematte zu meinem Refugium zu erklären. Hängematten sind für mich das wohl geeignetste Mittel, um zu erreichen, was mir im Alltag fehlt: Muße.

Hängematten passen sich perfekt dem Körper an und schaukeln ihn sanft hin und her. Ganz wie das Bett unserer Kindheit wiegen sie uns in der Gewissheit, dass mit Nichtstun verbrachte Zeit wertvoll und wichtig ist.

Deshalb war ich auch überglücklich, auf der Veranda meines Inselhauses auf Danpaati eine Hängematte vorzufinden. Nach unserer Ankunft war ich bis zum nächsten Morgen für niemanden mehr zu sprechen, denn ich konnte das tun, was ich mir vorgenommen hatte: daliegen und dem Urwald zuhören, ihn riechen und erleben. Das ungewohnt süßliche Harz der Tropenbäume stieg mir in die Nase und mischte sich mit dem schweren Bukett wilder Orchideen in den Zweigen über mir. Das allgegenwärtige Parfüm verband sich mit dem erdig-feuchten Moos des Flussufers und dem mit Bienenwachs bearbeiteten Holz meiner Unterkunft. Ein Brüllaffe warf mir aus der Krone eines Baumes Kommentare über mein Faulenzen zu und übertönte schnatternd die Vögel, die sich zuvor angestrengt hatten, mich mit zarten Rufen über ihre Heimat aufzuklären. Da die Veranda direkt auf den Fluss hinausführte, hatte ich auch die Geschäftigkeit auf dem Wasser im Blick, bis die Abendsonne den Fluss in Violett- und Brauntöne tauchte und die Baumkronen sich scharf gegen den dunkler werdenden Himmel abzeichneten. In den kleinen Stunden der Nacht raschelte, knisterte und schwirrte es um mich herum, bis ich einschlief und erst durch den erfrischenden Morgennebel wieder geweckt wurde. Wenn ich aus Suriname nur eine Erinnerung mit hätte nach Hause nehmen dürfen, dann hätte ich das Bild gewählt, das sich mir bot, als sich der morgendliche Fluss langsam von seinem Nachttuch trennte, während ab und an die traditionelle Begrüßungsformel der Saramakkaner zu mir heraufklang wie ein Lied:

»U weki nö?«

»U weki ooo.«

»Söö.«

Die verschiedenen Maroon-Gemeinschaften haben unterschiedliche Sprachen entwickelt. Die der bereits Ende des 17. bis Anfang des 18. Jahrhunderts geflohenen Sklaven weist deutlich mehr Einfluss des Portugiesischen auf, während die Maroongruppen, die erst nach etwa 1710 die Plantagen verließen, sich mehr bei der englischen Sprache bedient haben. Grob gesprochen hat sich der Wortschatz des Saramakkanischen zur Hälfte aus dem Englischen gespeist, 35 Prozent aus dem Portugiesischen und den Rest aus dem Niederländischen und den afrikanischen Sprachen hinzugefügt, während die »späteren« Sprachen knapp 80 Prozent aus dem Englischen, zehn Prozent aus dem Niederländischen und den Rest aus dem Portugiesischen und afrikanischen Sprachen integrierten. Das Wort »Maroon« selbst entwickelte sich aus dem spanischen *cimarrón*: »wild lebend«, »wildes Tier« …

In der Kühle des nächsten Morgens bekam ich meine erste Unterrichtsstunde in Urwaldkunde. Errol erklärte mir beim Gang durch den Regenwald, welche Pflanzen essbar sind, welche heilen können und mit welchen sich unliebsame Menschen ins außerstoffliche Dasein befördern lassen. Er schlug mit einem Stück Holz gegen einen mächtigen Baum und produzierte so einen dumpfen, vollen Ton, so laut und so eindringlich, dass er mir durch Mark und Bein ging und ich mir sicher war, dass er weit durch den Busch bis ins Dorf getragen würde.

»Das ist der Sinn der Sache«, erklärte er. »Wer diesen Baum als Trommel benutzt, der *will* gehört werden. Er ist entweder in Gefahr oder möchte auf etwas Wichtiges aufmerksam machen. In jedem Fall kann er die Dorfbewohner durch den Alarmbaum zu sich rufen. Und das ganz ohne Elektrizität oder Mobilfunknetz.«

Bis zu diesem Tage hatte ich Tarzans schwungvolle Strategie, sich per Liane durch den Dschungel zu bewegen, für einen Kinotrick gehalten. Errol fand jedoch ein ausreichend langes Exemplar, an dem jeder der Gruppe, der Lust dazu verspürte, sich über den angrenzenden Bach und zurückschwingen konnte. Ich bewunderte die Stabilität und Tragkraft der Liane und tat heimlich Abbitte bei Metro-Goldwyn-Mayer und Johnny Weissmüller. Trotzdem war ich mir sicher: Allein unterwegs und im Zwielicht des Regenwaldes würde ich niemals nach einem natürlichen Strick greifen. Zu mächtig war die Vorstellung, ich könnte versehentlich das Ende einer Anakonda oder Rotschwanzboa zu fassen bekommen …

Da badete ich doch lieber im Suriname, wohl wissend, dass Kaimane und Piranhas das kühle Nass ebenso liebten wie ich.

»Völlig ungefährlich«, behauptete Prince und verwies auf einheimische Kinder, die sich ebenfalls am Strand vergnügten. »Piranhas dinieren erst nach Einbruch der Dunkelheit oder falls irgendwo Blut fließt …«

Ich hatte mich mittlerweile an seinen Humor gewöhnt und genoss weiter den Flussstrand, obwohl auf der Insel auch ein schattiger, sicherer Pool lockte. So konnte ich auch beobachten, wie Errol ein Faultier, das in einen Strudel geraten war, mithilfe eines Paddels aus seiner misslichen Lage rettete und in ein Korjaal hob. Das pelzige Wesen hustete und spuckte wie ein kleines Kind und ließ sich dankbar an Land setzen. Wenn ich mich bis zu diesem Zeitpunkt gefragt hatte, warum Errol nicht einfach mit beiden Armen zugegriffen hatte, genügte ein Blick auf die

Klauen des Tieres, um diese Vorsichtsmaßnahme zu verstehen. So behäbig sich das Faultier auch fortbewegte und so friedlich es mich durch seine Knopfaugen anblinzelte – seine Krallen hätten jeden ausgewachsenen Elefanten zur Vollbremsung veranlasst. Ich schätzte die Länge der Klauen auf gute acht Zentimeter. Als ich beobachtete, wie das Tier sich mit ihrer Hilfe in die Krone des nächstliegenden Baumes zog, um sich von seinem Wasserabenteuer zu erholen, konnte ich ermessen, welche Kraft in ihnen steckte.

Noch während ich das Faultier zu seinem Namen beglückwünschte, griff ich mit nasser Hand neben mir in den Sand und ließ ihn mir durch die Finger rinnen. Eine winzige Schicht blieb an der feuchten Haut haften. Die weißbraunen Körnchen leuchteten in der Sonne wie rohes Salz. Ich fand das sehr passend, empfand ich doch den Aufenthalt auf Danpaati wie das Salz in der Suppe meines Lebens, deren weitere Zutaten ich durch mein Zufallsstudium zusammengetragen hatte.

Wenn ich es vorher nur geahnt hatte, dann wusste ich es jetzt: Wir hören und sehen, was zu uns passt. Wir erleben, was zu uns gehört. Wir sind die Summe vieler kleiner und großer Elefantenmomente. Zufall ist nur das Synonym für unsere persönliche Wirklichkeit, und meine wurde durch Suriname und meinen Aufenthalt auf Danpaati endlich abgerundet.

Danpaati füllt Ihren Erinnerungskoffer mit …

… Urwald-Entdecker-Gefühlen. Je weiter man ins Landesinnere vordringt, desto einsamer, urwüchsiger, abenteuerlicher wird das Land und schreibt den Besuchern ein unvergessliches Kapitel Leben in die Seele,

… Urwaldwissen. Was kann man essen, wie kann man sich retten, wie findet man sich zurecht – und da rede ich nicht von anstrengendem Survivaltraining, sondern von praktischen Grundlagen und Menschenverstand, die nicht nur im deutschen Wald helfen können, sich sicher zu fühlen, sondern auch im Großstadtdschungel,

… Tagen aus Zeit, Ruhe und Staunen über die Vielfalt des Lebens, jenseits von Fernsehen, Internet und Smartphone.

Geschmackvolle Souvenirs:

✓ Alles, was man im kleinen Unterstand im Dorf erstehen kann, wurde von den Bewohnern der umliegenden Dörfer selbst gefertigt. Die klaren Farben der Stoffe und Decken symbolisieren die Sonne über dem Land, die Lebensfreude ihrer Bewohner und die Offenheit, mit der sie Fremden begegnen. Den bunt karierten Wasserflaschenbehälter benutze ich täglich …

✓ schamanische Hausmittel gegen Durchfall und andere Urwalderkrankungen. Nein, ich will nicht wissen, was drin ist. Selbst wenn das Gebräu Krokodilspucke enthielte, solange es Montezumas Rache bekämpft und ich dadurch jede Reise uneingeschränkt genießen kann, ist mir alles recht – das gilt auch für die Urwaldcreme gegen Verbrennungen, gegen die nicht mal die Tropensonne den Schimmer einer Chance hatte.

✓ Rezepte, der durch die Vielzahl der verschiedenen Küchen entstandenen Gerichte. Die meisten Speisen entstehen mit und durch einfachste Mittel und sind genau richtig gewürzt. Wer noch nie Bananensuppe gekostet hat, koche Gemüsebrühe mit gehacktem Selleriegrün, gewürfelten Tomaten und Zwiebeln und drei Gewürznelken auf. Fünf feste Kochbananen grob zerkleinern und mit einem Ei und einer Tasse Kokosmilch zu einer formbaren Masse verkneten. Kleine Klöße formen und in der kochenden Brühe garen lassen, bis sie bissfest sind. Dies reicht für ungefähr vier Personen – oder für eine, die schon weiß, wie gut es schmeckt.

Vor dem Ein- oder nach dem Ausschiffen zu lesen:

Der Reiseschriftsteller John Gimlette ist durch alle drei Guayanas gefahren. Er hat Suriname in *Wilde Küste* sehr persönlich und anschaulich beschrieben. Obwohl er nur die Küstenregion bereiste, geben seine Einsichten und Erlebnisse doch einen wunderbaren Eindruck vom Abenteuer Suriname und seinen Nachbarländern englischer und französischer Prägung.

Cynthia McLeod ist in ihrem Land so etwas wie eine Institution, die noch immer viel zu sagen hat und auch gehört wird. Ihre historischen Romane sind akribisch recherchiert, lesen sich aber geschmeidiger als trockene Geschichtsbücher. Für alle, die mehr über die Zeit der Zuckerrohrplantagen wissen wollen, bietet sich das Buch *Surinam* an, dass im Original *Hoe duur was de suiker?* – »Wie teuer war der Zucker?« heißt und verdeutlich, dass die Süße mit Menschenleben bezahlt wurde. Während *Folge deinem Herzen* ebenfalls die Sklaverei auf den Plantagen thematisiert, legt *Die Schwestern von Surinam* den Fokus auf den Kolonialismus. Wer alle drei Bücher gelesen hat, weiß Bescheid über das gesamte Spektrum der Entstehungsjahre eines ganz besonderen Landes.

Astrid Roemer gewann 2016 als erste Surinamerin mit dem P. C.-Hooft-Preis den wichtigsten Literaturpreis der Niederlande und Belgiens. Ganz gleich welches Buch man von ihr in die Hand nimmt, man wird mit wunderbar tiefgründiger, unterhaltsamer Literatur belohnt, die gerne zwischen Suriname und Europa pendelt, wie in *Könnte Liebe sein*, ihrem bisher einzigen ins Deutsche übersetzten Buch. Das wird sich hoffentlich ändern, denn wer einmal ihren Stil genossen hat, möchte mehr erfahren von ihrem Können und ihrer Gabe, ihr Heimatland zu beschreiben.

John Gabriel Stedman war nicht nur Augenzeuge der Grausamkeiten die sich in der Kolonialzeit in Suriname abgespielt haben, sondern hatte sich 1772 sogar freiwillig als Soldat gemeldet, um gegen entlaufene Sklaven zu kämpfen. Er schrieb Tagebuch über seine Erlebnisse und machte daraus *Stedman's Nachrichten von Suriname und von seiner Expedition gegen die rebellischen Neger in dieser Kolonie in den Jahren 1772 bis 1777* mit berühmt gewordenen Gravuren und Illustrationen durch William Blake. Wir können dankbar sein, dass er uns in diesem Buch die bittersten Erfahrungen aus seinen Tagebüchern erspart – aber auch so erklärt sein Werk eindringlich, warum Menschenhandel zu jeder Zeit und überall von jedem geächtet werden muss.

Schreibt Stedman aus der Sicht eines Mannes, thematisiert Aphra Behn in *Oroonoko oder der königliche Sklave* das Leiden von Liebenden in lieblosen Zeiten aus weiblicher Perspektive. Der Roman erschien bereits 1688 und hielt einer Welt, die Sklaven nicht für Menschen hielt, mutig und engagiert den Spiegel vor das von Machtmissbrauch und Profitgier verzerrte Gesicht. Wir mögen das Bild der Hauptperson heute als idealisiert empfinden, dennoch, mit ihr erblickte eine völlig neue Erzählform das Licht der Welt. Der

Roman ist nicht nur der erste seiner Art, er steht auch für die Tradition weiblichen Erzählens in England, Jahrzehnte bevor – durch Daniel Defoe – die englischen Männer sich schreibend auf den Weg machten. Der Grundstein des Beschreibens und des fiktionalen Erlebens liegt in Suriname.

IN ASIEN

Sir Bani Yas
Kepulavan Seribu

Ein Scheich rettet das Einhorn

Sir Bani Yas

PERSISCHER GOLF, ABU DHABI, VEREINIGTE ARABISCHE EMIRATE

Ich führe mit Hingabe ausführliche und sich ständig verlängernde Listen über Inseln, die ich als Nächstes besuchen möchte. Freunde und Bekannte aus allen Ecken der Erde tragen mit ihren Tipps und Reiseerzählungen dazu bei, dass für mich mittlerweile keinerlei Chance mehr besteht, jede der darin aufgeführten Inseln zu betreten, selbst nicht, wenn ich bis ins hohe Alter drahtig und gesund bleibe. Erschwerend kommt hinzu, dass ich sämtliche Aufzählungen bereitwillig über den Haufen werfe, sobald sich ein Eiland durch eine Besonderheit überraschend auf Platz 1 katapultiert. Im Fall von Sir Bani Yas waren die Berliner Zoos schuld, dass die Insel im Handumdrehen an allen anderen vorbeizog und sich an die Spitze meiner Wunschliste setzte.

Ich stand vor einem Gehege mit Przewalski-Pferden und entnahm der Erklärungstafel, dass diese vor Vitalität strotzenden Tiere früher als echte Wildpferde auf den Steppen der Mongolei grasten, heute aber nur noch in Tiergärten leben und ihre Spezies vom Aussterben bedroht ist. Diese Tiere gehörten zu einem Rettungsprogramm, das helfen sollte, den weltweiten Bestand zu erhalten und zu vermehren, bis endlich genug Exemplare vorhanden sein würden, um Auswilderungsversuche unternehmen zu können. Statt feurig über weite Grasflächen zu traben und sich in freier Wildbahn zu vermehren, standen die Przewalski-Pferde nun also auf der Roten Liste bedrohter Arten der Weltnaturschutzunion IUCN, der International Union for Conservation of Nature. Sollte es nicht gelingen, den Bestand zu sichern, drohte ihnen dasselbe Schicksal wie einst dem Dodo: Sie würden ausgerottet – und nicht nur ich, die gesamte Menschheit hätte das Nachsehen.

Mir schlug das Herz bis zum Hals. Diese wenigen Exemplare gehörten mit zu den letzten ihrer Art? Wie sollte es klappen, mit einer so winzigen Herde von nicht mal einem Dutzend Pferden eine neue Population aufzubauen?

Ich begann nachzulesen, auf welche Tiere ich in Zukunft noch verzichten müsste, würde ich nicht bald selbst beginnen, etwas für den Tierschutz – weltweit oder daheim – zu tun, und erfuhr, dass die weiße Oryxantilope, auch Arabische Oryx genannt, ebenfalls vom Aussterben bedroht wäre. Also genau das Tier, von dem einige (hoffentlich nicht nur romantisch veranlagte) Biologen behaupten, es könnte als mythologisches Vorbild für das märchenhafte Einhorn gedient haben. Durchaus wahrscheinlich, denn wenn ich den Bilderbüchern meiner Kindheit glauben darf, hat die Arabische Oryx die richtige Größe, die nötige muskulöse Statur und den passenden elfenbeinfarbenen Körper samt der braunen Beine. Obendrein trägt sie zwei eng beieinanderstehende lange Hörner, die schräg von der Seite und im richtigen Winkel betrachtet leicht zu einem verschmelzen können …

Wie viele andere Kinder vor und nach mir, hatte ich das Einhorn in Tag- und Nachtträumen bestens kennen- und verstehen gelernt und mich dabei zur ausgewiesenen Expertin in Einhornfragen entwickelt. Das Einzige, was ich noch erledigen musste, war, eines zu finden und mein Traumwissen mit der Wirklichkeit abzugleichen. Da ich diesen wirklich guten Plan vor lauter Erwachsensein aus dem Blick verloren hatte, fand ich es nun an der Zeit, mich wieder mehr um diese Tiere zu kümmern. Es wirkte wie ein Schock, dass, wenn ich die Arabische Oryxantilope nicht bald irgendwo auf der Welt bewundern würde, ich nie mehr die Gelegenheit dazu bekäme. Sie war so ausgiebig gejagt worden, dass man zeitweilig glaubte, ihre gänzliche Auslöschung nicht mehr aufhalten zu können. Das letzte wild lebende Tier fand 1972 im Oman den Tod – wahrscheinlich durch Wilderer. Jetzt gab es nur noch die sogenannte »Wild Herd«, einer in verschiedenen Zoos der Erde lebende Anzahl von Tieren, mit der der Bestand gerettet werden sollte – und musste. Besonders auf Wiederansiedlungen im Oman setzte man große Hoffnungen, aber das Schutzgebiet, das zum Weltkulturerbe erklärte Arabian Oryx Sanctuary, wurde vom Staat zur Erdölförderung freigegeben, und in den noch verbliebenen traurigen zehn Prozent des Sanktuariums schafften es Wilderer in ihrer unersättlicher Profitgier, die wertvolle Herde auf weniger als 100 Tiere zu reduzieren, wovon leider nur wenige weibliche Exemplare waren. Nie zuvor war einem das besondere Siegel »Weltkulturerbe« wieder aberkannt worden, aber in diesem Fall sah sich die UNESCO gezwungen, einen Präzedenzfall zu schaffen und andere Länder so zu warnen, wie ernst es der Ländergemeinschaft mit dieser Auszeichnung ist.

Die Auslöschung der Arabischen Oryx stand also bevor, es sei denn, man könnte mit viel Geld irgendwo eine bessere Schutzzone schaffen, in der sich die Zahl der Tiere auch außerhalb eines Zoos langsam wieder erholen könnte.

An Geld hapert es in der arabischen Region nicht, aber es braucht Einsicht und Interesse, es nicht an der Börse oder in Immobilien, sondern in Naturschutzprojekte zu investieren.

Die Oryxantilope hatte Glück im Unglück: Scheich Zayid bin Sultan Al Nahyan aus Abu Dhabi hatte eine Schwäche für die kraftvollen Tiere mit der eindrucksvollen braunweißen Gesichtsmaske. Er sponserte 1999 eine internationale Oryx-Konferenz, auf der diskutiert wurde, wie das Schicksal der Tiere zum Besseren gewendet werden könnte, damit auch in Zukunft niemand auf den Zauber des Einhorns verzichten müsste.

Scheich Zayid setzte sich nicht nur bei dieser Konferenz finanziell für die Antilopenart ein, sondern machte auch die Insel Sir Bani Yas zu ihrem Refugium. Auf diese Weise stellte er die Tiere sozusagen unter die Aufsicht seiner Familie, denn auf Sir Bani Yas befindet sich auch einer ihrer Paläste. Ich habe keine Ahnung, was Scheichs normalerweise mit ihrem Geld tun, außer es stetig zu vermehren. Dass sich in diesem Fall die Oryxantilope damit auch vermehren durfte, hielt ich für eine Investition in das Wohl der gesamten Menschheit – und beschloss hinzufahren, um zu sehen, was aus dem Projekt geworden war.

Damals gab es auf der Insel ein einziges Hotel, das ursprünglich als Gästehaus des Scheichs gebaut worden war. Ich war mir deshalb nicht sicher, ob es für eine inselsüchtige Tierschützerin wie mich infrage käme, und schrieb das *Anantara Resort* persönlich an. Ich bat darum, mir einen Weg aufzuzeigen, wie ich die berühmte Oryxantilope im natürlichen Habitat ihrer arabischen Heimat beobachten könne. Es stellte sich heraus, dass das Hotel mehr ist als nur eine geschmackvolle Anlage für Urlauber aus den gestressten Metropolen Arabiens, denn man zeigte sich stark daran interessiert, Sir Bani Yas als ökotouristisches Ziel aufzubauen und seine Einzigartigkeit durch Begrenzung von Besucherzahlen zu erhalten und zu fördern. Eine Mitarbeiterin namens Tania brachte meinem Wunsch, mehr über das Oryxantilopen-Projekt zu lernen, äußerstes Verständnis entgegen und versprach, mich vor Ort mit einem Wildhüter bekannt zu machen, dem die Tiere sozusagen aus der Hand fressen. Und nicht nur das: Seit Jahren schon mit dem Ablauf des Lebens auf Sir Bani Yas vertraut, schlug sie mir vor, unbedingt im März anzureisen, um eine andere Attraktion der Natur zu erleben: Jedes Jahr nutzen Heerscharen von Vögeln auf ihrem Weg vom warmen Afrika zurück in die leeren Nistkästen Europas Sir Bani Yas als Flugzeugträger.

»Bis zu 250 000 Tiere ruhen sich in der Zeit auf unserer Insel aus und nehmen Nahrung auf. Ein atemberaubendes Schauspiel«, versprach Tania.

Ich plünderte sofort meine Reisekasse und saß schon zwei Monate später im Flugzeug nach Abu Dhabi, so aufgeregt wie ein Kind, das sich sein erstes Einhorn-Stofftier zu Weihnachten wünscht, sich aber nicht sicher ist, es auch tatsächlich zu bekommen.

Ich hatte an alles gedacht, was es für den Besuch auf einer Insel braucht. Schließlich liebe ich Inseln ja auch, weil der Weg dorthin mit Einsatz verbunden ist: Die Fähre will gebucht sein, ich muss rechtzeitig am Anleger stehen, um mitgenommen zu werden, und eine gnädige See sollte zulassen, dass das Schiff ablegen kann. Nur wenn all das zusammenkommt, werde ich sanft dem Festland meines Alltags entzogen und darf zur Belohnung in einer anderen, abgeschlossenen Welt mir selbst Sonntag sein.

Jedenfalls, wenn die Elemente mitspielen.

Ich habe schon oft an einer Fähre gestanden und gehofft, dass sich orkanartige Böen abschwächen oder sich der Nebel verzieht. Auch ein regenreicher Hurrikan und ein schneetobender Blizzard haben bereits verhindert, dass ich ein Eiland erreiche. Womit ich allerdings nie gerechnet hätte, war die Möglichkeit eines Sandsturms.

»Ein Sandsturm?«, fragte ich denn auch ungläubig, als eine Mitarbeiterin mir am Fähranleger von Marsa Jebel Dhanna das Einchecken verweigerte. Ich sah ungläubig aus dem Fenster: Die Sonne schien, kein Lüftchen regte sich. Ich war sicher, ich hatte entweder nicht richtig gehört oder falsch verstanden. Auf erneute Nachfrage nickte die Dame freundlich. »Es tut mir leid. Wir können Sie frühestens morgen übersetzen.«

Meine Enttäuschung war groß. Ich war geradezu lebensgefährlich früh aufgestanden und stundenlang durch die Wüste gefahren, um die einzige Fähre des Tages nach Sir Bani Yas zu ergattern. Und wenn schon Sandsturm, dann wollte ich den wenigstens auf Sir Bani Yas durchstehen, wo doch bestimmt sehr viel weniger Sand sein würde als hier, nahe der Grenze zu Saudi-Arabien, wo er offenbar erfunden wurde.

Schweren Herzens zog ich mich in die einzige Hotelanlage zurück, die diese Region bis dato aufzuweisen hatte, und betete, dass man dort ein bezahlbares Bett für mich finden würde, damit ich nicht den ganzen Weg zur Hauptstadt zurückfahren müsste. Ich hatte Glück und konnte von meinem Balkon aus aufmerksam den Himmel beobachten. Ich kam mir dabei vor wie ein Hund, vor dessen Nase ein Wurstzipfel baumelt, leider ein Stück zu hoch, um es zu bekommen, aber niedrig genug, um den Duft ständig in der Nase zu haben. Um mich abzulenken, ging ich schwimmen, bei glühender Hitze spazieren und genoss ein orientalisches Buffet, von dem ich alles wählte, was mit Granatapfel zubereitet war, um diese für mich ungewohnte Gaumenfreude in vielen Variationen zu genießen: gekocht mit Auberginen und Zwiebeln, frisch mit Salz, das die blutroten Kerne erstaunlicherweise süßer schmecken ließ als zuvor, fein passiert in einer kefirähnlichen Soße und danach zu Speiseeis gefroren. In der Hitze soll man schon aus Gesundheitsgründen viel trinken: Dank Safransaft und Joghurt mit Dattelsirup fiel es mir so leicht wie nie. Meine Favoriten wurden Minztee mit Limonen- oder Zitronensaft und eisgekühlter Traubensekt, selbstverständlich alkoholfrei und sensationell süffig.

Auf diese Weise unterhielt ich mich prächtig, bis der Sandsturm kam und allem anderen die Show stahl.

Die Palmen am Pool verneigten sich vor ihm, und die Luft erweckte schnell den Eindruck, als würde die gesamte Sandbüchse des Landes aufs Meer hinausgetrieben. Wenn diese beigebraunen Wolken alle nach Sir Bani Yas und ihren Schwesterinseln hinüberwollten, dann hatten sie spätestens ab diesem Zeitpunkt den Namen Desert Islands, Wüsteninseln, mehr als verdient. Jetzt für Sekunden draußen zu stehen fühlte sich auf der Haut an, als würde sie von Tausenden winziger Nadeln glatt geschmirgelt. Das Sirren und Sausen in der Luft begleitete mich in einen späten Schlaf, schönster Sonnenschein kitzelte mich am nächsten Morgen wach. Stahlblauer Himmel und völlige Windstille stellten alle Zeichen für die Überfahrt auf Grün.

Bis sich Scheich Zayid entschied, Sir Bani Yas zum Naturreservat zu erklären und gemeinsam mit den umliegenden

Inseln in ein touristisches Aufbauprojekt einbezog, gab es für die Menschen der Vereinigten Arabischen Emirate und ihre Besucher kaum eine Möglichkeit, die Tierwelt Arabiens aus der Nähe zu erleben und Langsamkeit und Stille für sich zu entdecken. Dass der Scheich durch dieses Projekt auch in die touristische Zukunft seines Landes investierte und in der kargen Küstenregion um Jebel Dhanna, immerhin 250 Kilometer von Abu Dhabis Hauptstadt entfernt, neue Arbeitsmöglichkeiten und wirtschaftliches Auskommen für die Nach-Öl-Zeit schuf, ist dabei eine weitere Errungenschaft für die Spezies Mensch.

Das Emirat Abu Dhabi geizt nicht mit Temperaturen um die 40 Grad und lockt in der Stadt mit immer neuen Superlativen und einem ungebremsten Bauboom – da ist ein Ort, in dem schattige Natur die Hauptrolle spielt, eine höchst willkommene Abwechslung. Eine Abwechslung mit knapp achtzehn Kilometern Länge und neun Kilometern Breite. Sir Bani Yas könnte den gesamten Chiemsee mit seiner Landmasse auffüllen und trockenlegen.

Sir Bani Yas sollte nach dem Willen des Scheichs eine Oase der Ruhe für Mensch und Tier werden – und so grün wie nur möglich. Er und sein Nachfolger ließen deshalb dreieinhalb Millionen Bäume und Büsche pflanzen und die Ufer durch Mangrovensetzlinge gegen Erosion schützen. Die Insel wurde ein Zentrum der Dattelpalmenzucht, und es gibt jetzt jede Menge Feigen, Papayas, Mangos, Granatäpfel und Zitrusfrüchte zu ernten. Eine solche Begrünung fordert eine massive Bewässerung. Während meines gesamten Aufenthaltes hielt ich deshalb immer wieder nach den allgegenwärtigen Bewässerungsschläuchen Ausschau und fragte mich, wie viel Zehntausende von Metern davon wohl verlegt worden waren und wie viel Liter Wasser pro Tag hindurchgepumpt werden müssen, um das Geschaffene zu erhalten.

Mustafa, der mir versprochene Wildhüter, erklärte mir, dass jedes Gebiet der Insel mindestens einmal in der Woche für zehn Minuten in den Genuss einer ausgiebigen Bewässerung komme. Obwohl Bäume und Büsche zumeist mit Brauchwasser gegossen würden, müssten für Mensch und Tier dennoch zusätzlich täglich 50 000 Liter Wasser in einer Kläranlage recycelt und weitere Millionen über eine Pipeline vom Festland herübergepumpt werden. Bei der Energiegewinnung setze die Insel, mitten im Reich des Erdöls, auf Sonnenkollektoren und Windturbinen, um so sauber und nachhaltig wie möglich arbeiten zu können.

Wie Tania mir im Vorfeld versprochen hatte, war Mustafa ein Ranger, der seine Arbeit auf der Insel liebte und über alles, was Tiere und Sehenswürdigkeiten betraf, bestens Bescheid wusste. Er manövrierte seinen Safari-Jeep durch den nunmehr größten Naturpark Arabiens, ohne dabei jemals das Wohl der Tiere aus dem Blick zu verlieren. Sie hatten bei ihm stets Vorfahrt. Wenn er fand, sie bräuchten Ruhe, dann bekamen sie Ruhe und ich Zeit für den Pool.

Mustafa verstand nur zu gut, warum ich auf die Insel gekommen war, machte es aber gerade deshalb spannend. Ich sah jede andere Tiergattung, die auf der Insel beheimatet ist, bevor er den Wagen endlich in einem schattigen Hain zum Stillstand brachte. Unweit einer Wasserstelle, an der sich meine Einhörner bevorzugt einfinden. Und dann sah ich sie: Ruhig, aber doch wachsam in unsere Richtung witternd, zogen sie zur Tränke und reflektierten mit ihren weißen Körpern das Sonnenlicht, als wären sie blendende

Schilde auf vier Beinen. Ich zählte allein hier 26 Tiere, darunter drei, die so jung waren, dass sie den Beweis antreten konnten: Die Herde, deren Vorfahren allesamt aus internationalen Zoos stammten, fühlte sich auf ihrem Inselsanktuarium offenbar wohl. So wohl, dass sich ihre Gesamtzahl auf Sir Bani Yas heutzutage auf knapp 400 Tiere beläuft und bereits Exemplare in die Liwa-Wüste ausgesiedelt wurden.

Ich weiß nicht mehr, wie lange wir an diesem Platz standen, schauten und bewunderten. Ganz gleich wie: Es war zu kurz. Ich konnte mich an der Majestät dieser Tiere nicht sattsehen. Das graziöse Wenden des Kopfes, trotz oder gerade wegen der langen Hörner, das kraftvolle Spiel der Muskeln an den Flanken, das außergewöhnlich schöne Fellkleid: Alles an der Arabischen Oryx faszinierte mich.

Mustafa war offensichtlich von seinen Schützlingen ebenso begeistert wie ich. Ich erfuhr, dass sie äußerst widerstandsfähig sind, über viele Kilometer Entfernung Wasser riechen und trotz der extremen klimatischen Verhältnisse lange Tage ohne Flüssigkeit und Nahrung auskommen können. Sie leben von Gras, Blätter, Früchten und Wurzeln und lecken den Tau nicht nur von Pflanzen herunter, sondern auch aus dem Fell ihrer Artgenossen. Die Hitze, vor der ich schließlich kapitulierte und ins Hotel zurückflüchtete, lässt sie im wahrsten Sinne des Wortes kalt.

Am späten Nachmittag des nächsten Tages ging ich mit Mustafa und einem jungen kanadischen Pärchen, das sich Sir Bani Yas für ihre Hochzeitsreise ausgewählt hatte, auf Wanderung durch einen Wadi. Das Licht- und Schattenspiel auf den grellgelben, oft ockerfarbenen bis hin zu blutroten Gesteinsformationen der Steinschlucht war einzigartig. Mustafa zeigte uns eine Vielzahl Fossilien und erzählte von den Bani Yas, einem Stamm, nach dem die Insel benannt worden war. Ein eingetrockneter Mufflonschädel beeindruckte mich nachhaltig. Die gewaltigen, schneckenförmig gedrehten Hörner waren offenbar weitergewachsen, hatten sich mit ihren Spitzen in den Kopf hineingebohrt und das Tier so getötet. Keine schöne Vorstellung ... Da die Tiere aber auf Sir Bani Yas zwar vor Wilderern sicher, aber sonst wie in freier Wildbahn leben und sterben sollen, musste ich auch diese Wahrheit akzeptieren.

Nach der Wanderung brachte Mustafa das junge Pärchen für eine der wunderbaren orientalischen Spa-Behandlungen zurück zum Hotel. Als auch ich aus dem Jeep aussteigen wollte, hielt er mich zurück: »Willst du in unserem christlichen Kloster für den Erhalt deiner Oryx beten?«, fragte er ernsthaft.

»Ihr habt ein Kloster auf Sir Bani Yas?«

»Seit ungefähr 600 nach Christus«, erklärte der Ranger, und ich schlug die Seitentür des Safariwagens geräuschvoll wieder zu. Schon kurze Zeit später stand ich in einer sehr gepflegten Ausgrabungsstätte und stellte mir die Archäologen vor, die im Jahre 1992 dieses einzige bisher bekannte Kloster im gesamten Gebiet der Vereinigten Arabischen Emirate freigelegt hatten. Allein die Kirche des Klosters war fünfzehn Meter lang und muss reiche Stuckverzierungen aufgewiesen haben, von denen gut erhaltene Stücke zu bewundern sind. Die Mönche waren Nestorianer, Anhänger des im fünften Jahrhundert lebenden Patriarchen Nestorius von Konstantinopel. Sie kamen aus allen umliegenden Ländern bis hin nach Syrien und Mesopotamien.

Der Platz der Kirche war gut gewählt, denn über Jahrhunderte hinweg kamen viele Handelsreisende auf die Insel, die an den Perlen interessiert waren, die sich in den umliegenden Gewässern finden ließen. Kein Wunder, dass deshalb die erste europäische Quelle über Sir Bani Yas von Gasparo Balbi, einem venezianischen Juwelier, stammt. Er besuchte die Insel allerdings erst 1590, als die Mönche ihr Kloster schon lange aufgegeben hatten, weil die Menschen der Region nun mehrheitlich dem Islam folgten.

Ich blieb lange in der ehemaligen Klosteranlage, und Mustafa ließ mich ehrfurchtsvoll allein. Die Vorstellung, dass sich hier jede erdenkliche Mühe gegeben wird, die Ausgrabungen weiterzutreiben und die Funde in die Besichtigungstouren einzubeziehen, machte mich glücklich. Sich gegenseitig zu respektieren ist der einzige Weg … und er fühlte sich gut an.

Von diesem beeindruckenden Ort der Vergangenheit führte Mustafa mich zur grünen Zukunft der Insel: der Baumschule und Pflanzenaufzucht. Hunderte von Setzlingen und Pflanzen in verschiedenen Wachstumsstadien werden hier gehegt und gepflegt, um Sir Bani Yas weiter zu begrünen. Am meisten imponierten mir die winzigen Mangrovenpflänzchen. Mangroven sind wahre Lebenskünstler. Sie gedeihen in salzigem Wasser, können jede Menge Sonne vertragen, fühlen sich auch mit den Gezeiten wohl und sind immergrün. Sie halten Fluten ab, schützen die Ufergebiete vor Erosion und sind obendrein Lebensraum für viele Tiere. Im Umkreis von acht Kilometern darf um Sir Bani Yas nicht gefischt werden, was zu besonders großem Artenreichtum geführt hat, zu dem auch vier Schildkrötenarten zählen. Mustafa zeigte mir stolz Bilder der großen Lederschildkröte.

Flamingos in großer Zahl und Delfine durfte ich mit eigenen Augen bewundern.

Kurz vor Sonnenuntergang fuhr Mustafa mit mir auf die höchste Erhebung der Insel. Von knapp 150 Metern Höhe sahen wir hinunter auf das immer dunkler werdende Meer, die Mangroven, die menschenleeren Strände – und hörten nichts mehr als Stille. Als wäre ein Schalter umgelegt worden, waren plötzlich die Sterne da, in ungeheurer Intensität und Fülle. Wenn eine Sternschnuppe aus diesem klaren Himmel gefallen wäre, hätte ich keinen anderen Wunsch gehabt als den, die Einhörner auch außerhalb dieser Schutzinsel weiter wachsen und gedeihen zu sehen. Ohne Angst vor Wilderern oder Menschen, die durch irrsinnige Aufträge erst einen Markt für den Handel mit seltenen Tieren schaffen, deren Erhalt für die Menschheit unbezahlbar ist. Ganz gleich ob es sich um die arabische Oryx, den Gorilla, den Panda, Elefanten und Kegelrobben oder die Vögel unserer Breiten, wie den Kiebitz oder den Goldregenpfeifer, handelt: Ich will auf diese Tiere nicht verzichten müssen.

Während die überwinternden oder Station machenden Vögel auf Sir Bani Yas eine Attraktion sind, gibt es in unseren Breiten noch immer Länder wie Italien, in denen Netze gespannt werden, um Singvögel als zweifelhafte Delikatesse einzufangen und damit Geld zu verdienen. Jedes Jahr sterben so um die 25 Millionen Rotkehlchen, Drosseln, Finken, einfach alles, was schön singt, und landen in selbst ernannten Spezialitätenrestaurants auf teuren Tellern – für die wir alle bezahlen.

Auf Sir Bani Yas sind die gefiederten Sänger von einem solchen Schicksal weit entfernt. Ihre Ankunft ist ein Spektakel der besonders geschätzten Art und ihre Nachtruhe auf Sir Bani Yas sicher.

Ich gebe zu, ich war wegen der Arabischen Oryx auf die Insel gekommen, verließ sie aber mit Staunen über den Instinkt unserer Vogelwelt und verstehe seitdem, warum Menschen sich der Ornithologie verschreiben.

Der Zauber begann, als einer der Ranger die Tür zum Restaurant aufriss.

»Sie kommen! Sie kommen!«, rief er auf Arabisch, Französisch, Spanisch und Englisch. Alle ließen ihr Essen stehen und liegen und rannten nach draußen und zum nahen Ufer.

Couscous mit Gemüse kann man auch kalt essen, und der alkoholfreie Sekt stand brav im Kühler, also verließ auch ich bereitwillig meinen vollen Teller und lief hinterher. Draußen standen nahezu alle Besucher der Insel und staunten über Tausende und Abertausende von Zugvögeln, die in der Abenddämmerung aus den Lüften herunterschwebten auf ihrem Weg nach Norden, um auf Sir Bani Yas vom langen Flug gen Norden auszuruhen. In einer gigantischen, sich rhythmisch bewegenden Wolke rauschten sie nur wenige Meter über dem Boden an uns vorbei, instinktiv wissend, dass sie ihr Tagesziel erreicht hatten und sich für die Nacht ausruhen können.

Wir standen da, fasziniert von der schieren Menge der Vögel, der Symmetrie der Bewegungen, der Harmonie dieser nicht enden wollenden lebendigen Wolke. Der Zug schien kilometerlang. Mehr als zehn Minuten zogen die Vögel an uns vorbei, streichelten uns mit einem kühlen Luftzug, ohne uns zu bemerken, viel zu sehr mit der Aufgabe beschäftigt, ihre Schlafplätze auf der anderen Seite der Insel zu erreichen und Futter und Kraft für den nächsten Flugtag zu tanken. Die Vorstellung, was mit uns

Zuschauern passieren könnte, würde ein lauter Knall die Vögel aus ihrer Flugbahn katapultieren, ließ mich alarmiert an Hitchcock denken …

Seit den Tagen des Flugzaubers betrachte ich die gefiederten einheimischen Kraftpakete mit neuem Respekt und stellte mir vor, dass die zwitschernden Besucher meines Gartens sich schon einmal die Insel von Sir Bani Yas mit meinen Einhörnern geteilt haben.

Die weiße Oryx wurde mittlerweile von »stark gefährdet« auf »gefährdet« zurückgestuft, und ich hoffe und wünsche mir, dass sie irgendwann gar nicht mehr auf der Roten Liste steht. Auch die Auswilderung der Przewalski-Pferde ist offenbar erfolgreich verlaufen, wenn ich Fotos in Tiermagazinen Glauben schenken darf, die zeigen, wie sich einige von ihnen genüsslich im Steppengras der Mongolei wälzen. Ich bin den Zoologen, Helfern und Tierschützern rund um den Erdball dankbar, die solche Entwicklungen möglich machen. Ich kann aufatmen, was diese beiden Spezies betrifft – und mich den Streunerkatzen Europas und dem Erhalt der Wildbienen auf den Streuobstwiesen in der Nähe meines Hauses zuwenden. Denn schließlich braucht es für den Naturschutz nicht immer das Geld eines Scheichs. Auch ein Insektenhotel im eigenen Garten ist ein Anfang. Es gibt kein Zuwenig – außer zu wenige Pflanzen und Tiere …

Sir Bani Yas füllt Ihren Erinnerungskoffer mit ...

… allem, was der Wildhüter bei einer Wanderung oder einer Fahrt über die Insel erlaubt. Aber wirklich nur das!

… dem Wunsch, etwas gegen den Schwund von Fauna und Flora zu tun und den Tier- und Naturschutz durch

Projekte im eigenen Hinterhof oder irgendwo auf der großen weiten Welt zu unterstützen,

… dem Erstaunen über die Macht des Instinkts und die Schönheit des Vogelzugs.

Geschmackvolle Souvenirs:

✓ alkoholfreier Sekt aus Äpfeln, Trauben oder Granatapfel. Prädikat: besonders süffig

✓ Granatapfelkerne mit Salz – um eine ganz andere, göttliche Süße zu erhalten, die aus den blutroten Perlen eine erfrischende Delikatesse macht

✓ Umschlagtücher in allen Formen und Farben, als Schutz gegen die Sonne und abends gegen das Frösteln, wenn sich die Sonne verzogen hat

Vor dem Ein- oder nach dem Ausschiffen zu lesen:

Douglas Adams schickte uns alle per Anhalter durch die Galaxis, in *Die Letzten ihrer Art* aber begibt er sich zusammen mit dem Zoologen und Fotografen Mark Carwardine auf die Reise zu Tieren, die vom Aussterben bedroht sind. Eindrucksvoll und persönlich, aber auch unterhaltsam will und muss man sich hier mit dem Verlust der Vielfalt auseinandersetzen. Adams selbst soll dieses Buch als das befriedigendste seiner Laufbahn bezeichnet haben. Ich wünschte, er hätte noch mehr davon schreiben können.

Die *Rote Liste* ist das ausführlichste Nachschlagewerk, will man wissen, welche Pflanzen und Tiere global geschützt werden müssen. Da auch die Weißesche und die Wildbiene darin aufgeführt sind, wird beim Blättern deutlich, wie wichtig dieser Lesestoff auch für unsere Breiten ist. Schließlich sind im Moment 25 Prozent der Säugetiere weltweit, genau 5488 Arten, akut vom Aussterben bedroht. Wenn jeder von uns für den Erhalt nur eines dieser Tiere Wache hält und Leidenschaft zeigt, sichern wir ihnen – und uns – das Überleben.

Wasserpuzzle aus 1000 Teilen

Kepulauan Seribu

JAVASEE, INDONESIEN

Batavia! Dieser Ort hatte Klang. Da wollte ich hin. Der Name schallte mir fast täglich von unserem tragbaren Telefunken-Plattenspieler entgegen und verhieß Ferne und Abenteuer. Wenn ich den Operettenarien aus *Der Vetter aus Dingsda* Glauben schenken durfte, brachten liebestreue Männer in Batavia sieben Jahre in Einsamkeit zu. Dann kehrten sie als arme Wandergesellen nach Hause zurück, um nachzuprüfen, ob die Frau ihrer Träume ebenso sehnsüchtig auf ein Wiedersehen gewartet hatte wie sie.

Die große schwarze Scheibe wurde so oft aufgelegt, dass ich selbst ein halbes Jahrhundert später, bei meiner ersten selbst erlebten Aufführung des Stückes im Staatstheater Mainz, immer noch jedes Lied auswendig konnte. Allerdings stellte ich verblüfft fest, dass die Zusammenhänge der Geschichte um einiges verflochtener und witziger waren, als ich sie mir als Kind zusammengereimt hatte. Im abgedunkelten Theatersaal fragte ich mich, wie viele Leute im Publikum sich wohl dieselbe Frage stellten wie ich mir mit knapp neun Jahren: Wo, bitte, liegt Batavia?

Damals war ich mir sicher: Ein so melodisches Wort musste eine Insel bezeichnen.

Ich zog mir den Schulatlas meiner älteren Schwester aus ihrem Ranzen und versuchte, das vermeintliche Eiland zu finden. Dummerweise war Batavia nicht aufzutreiben.

Ich hatte den Komponisten sofort in Verdacht, sich den Namen der Singbarkeit wegen ausgedacht und so bei mir unabsichtlich Hoffnungen geweckt zu haben, die nun nicht erfüllt werden konnten. Aber man hat keine ältere Schwester, ohne von ihrem Wissensvorsprung ein Leben lang profitieren zu können. Sie klärte mich darüber auf, dass Batavia sehr wohl existierte, es nur mittlerweile seinen Namen in einen nicht minder klangvollen geändert habe: Jakarta!

Jubel über Jubel: Jakarta war zwar keine eigene Insel, aber dafür die Hauptstadt eines ganzen Inselreiches. Ich verstand zu diesem Zeitpunkt nicht gänzlich, warum der Name Batavia zugunsten von Jakarta aufgegeben worden war, aber da Jakarta ebenfalls drei glockenklare »a« und jede Menge Träume zu bieten hatte, war ich zufrieden. Ich hätte nur gerne gewusst, welche Bezeichnung besser zum Ton der Stadt passte. Dieses Problem und die politischen und wirtschaftlichen Hintergründe der Befreiung von der niederländischen Kolonialmacht diskutierte ich später ausgiebig mit Kumudu, dem Mädchen, das ab meinem dreizehnten Lebensjahr meine Brieffreundin wurde. Selbst in Jakarta auf Java (man beachte den Gesamtklang!) aufgewachsen, verstand sie bis ins kleinste Gefühlsdetail, warum ich Inseln liebte und sammeln wollte. Wir klagten uns gegenseitig unser Leid, weil unsere Eltern Geld für so unnütze Sachen wie Haus, Auto oder einen Wohnzimmerschrank sparen wollten, wo doch gleichzeitig die große weite Welt Erlebniszauber und Erinnerungskoffer für ein ganzes Leben bereithielt. Von Kumudu hörte ich Wunderdinge über die vielen kleinen Inseln, die ihrer Heimatstadt vorgelagert waren und die ich mir wie ein Wasserpuzzle aus 1000 Teilen aus ihren Briefen zusammensetzte. Während meine Familie auf ihren Sonntagsausflügen durch den Harz wanderte, fuhr Kumudu mit ihren Eltern auf die Eilande der Kepulauan Seribu, wie die »1000 Inseln« in Bahasa Indonesia heißen. Eigentlich, verriet mir Kumudu, seien es nur etwas mehr als 100, die kämen aber allesamt meiner Vorstellung vom Paradies verdächtig nahe.

Kumudus Inselgarten erstreckt sich von ungefähr 15 Kilometern Entfernung vor Jakartas Küste bis zu mehr als 50 in die Javasee hinein. Nicht alle Inseln sind bewohnt, einige sind reine Urlaubs- und Resort-Inseln, andere völlig unberührt oder in privater Hand. Rund 100 000 Hektar Land und See um die Inselgruppe wurden zum maritimen Nationalpark erklärt und das Betreten einiger Atolle verboten, um den dortigen Schildkröten ausreichende Ruhe zu gönnen und so ihren Erhalt zu sichern.

Kumudu schrieb von Kokospalmen, Mangroven und Brotfruchtbäumen, deren Aussehen ich im dreibändigen Brockhaus nachschlagen konnte. Von *Cangkudu* (Nonibaum), *Kecundang* (Zerberusbaum) und *Ketapang* (Seemandelbaum) hatte der allerdings auch keine Ahnung.

Meine Brieffreundin war von Wassertieren aller Art fasziniert und beschrieb das Leben in den Korallenriffen begeistert. Die Größe dieses Aquariums, beleuchtet von der Sonne statt von Leuchtstoffröhren, konnte ich mir nur bedingt vorstellen, war mir aber sicher, dass mir Landtiere mehr zu erzählen hätten als Wasserschlangen. Wie sich Jahre später herausstellen sollte, lag ich mit dieser Einschätzung sehr, sehr richtig …

In der Zeit, als die Blumenkinder Farbe in unsere Kleidung brachten, Batik aus Indonesien der letzte Schrei war und wir unsere T-Shirts mit Gummibändern, Schnur und Wachs bearbeiteten, um sie anschließend knallbunt einzufärben, machte Kumudu mir das ultimative Geschenk: echten Batikstoff aus Batavia, braun mit weißen Zauberblüten. Das Etuikleid mit Bolero, was daraus genäht wurde, wollte ich so lange hegen und pflegen, bis ich in diesem Kleid endlich vor ihr stehen würde. Ich war enorm stolz auf mein Ensemble aus dem Mutterland der Batikkunst und trug es, zeitlos, wie es war, bis es mir beim Verlust eines Koffers beim Rückflug aus Heathrow verloren ging. Ich begann sofort, Geld für einen Flug nach Jakarta zu sparen, um mir zusammen mit Kumudu einen Ersatzstoff aussuchen zu können. Noch während mein Kontostand sich viel zu langsam meinem Vorhaben näherte, entschieden zwei andere Kleidungsstücke darüber, dass ich die Kepulauan Seribu endlich mit eigenen Augen zu sehen bekommen würde.

Der zerrissene Bikini einer jungen Dame und die zernagten Taucheranzüge eines Pärchens brachten das Fass der Beschwerden des Reiseveranstalters, für den ich arbeitete, zum Überlaufen. Ich bekam den Auftrag, die Resortinsel, die so viel Unmut heraufbeschworen hatte, zu inspizieren und gegebenenfalls eine andere, ohne Ärgernispotenzial, für unsere nächsten Reiseangebote zu finden. Wild entschlossen, dieser Aufgabe und meiner Sammelleidenschaft für Inseln gerecht zu werden, fuhr ich los.

Als ich in Jakarta ankam, schwamm die Stadt in Wasser. Der Monsunregen setzte die Straßen nicht nur knietief, sondern in Senken hüfthoch unter Wasser. Der Taxifahrer, der mich zum Hafen Ancol Marina brachte, von wo aus ich zu meiner Probleminsel übergesetzt werden sollte, kannte zwar Schleichwege, die einigermaßen befahrbar waren, aber ich war dennoch erstaunt, wie hoch das Wasser an der Wagentür stand, und sah vor meinem geistigen Auge das Gepäck im Kofferraum schon das Tauchen lernen. Meine Besorgnis winkte der Taxifahrer weg. Das sei noch kein echter Monsun, das sei nur fröhliches Vorgeplänkel. Die Sonne würde gleich wieder scheinen, und auf den Inseln sei sowieso immer Freizeitwetter. Als ich ihn fragte, ob er einige davon kenne, nickte er und zählte Namen auf, die allesamt auf meiner Besuchsliste standen: Pulau Onrust, Pulau Rambut, Pulau Ayer, Pulau Putri, Pulau Macan, Pulau Pelangi, Pulau Bidadari ...

Meine »Pulau Unmut« kannte er nur vom Hörensagen, wusste aber, das der dortige ökologische Tourismus besonders bei Europäern hoch im Kurs stand.

Das war richtig! Aber wo »öko« draufsteht, ist eben auch »öko« drin – und das kann in den Tropen schon mal Opfer kosten.

In unserem Fall sorgte eine Kolonie sich unkontrolliert vermehrender Wasserratten und eine Spezies Spinnen, deren Körper mir so groß erschien wie mein Handteller, für den Unmut unserer Gäste. Sie fanden verständlicherweise keinerlei Freude daran, Rattenhooligans dabei zuzusehen, wie sie um den teuer erworbenen Badeanzug kämpfen oder hingebungsvoll die Flipflops zernagen.

Ich brachte den Tierchen bis dato gewisse Sympathien entgegen, denn ohne sie hätte in Jakarta kein Boot auf mich gewartet, um mich zum Resort zu schippern. Das Haus, in dem ich untergebracht wurde, war ein Traum aus Naturmaterialien und der Lebensweise der Bewohner des Archipels nachempfunden – mit einer breiten überdachten Terrasse, auf der man dem Regen zuschauen oder den Nachmittag in der Hängematte verdösen konnte. Es stand auf Stelzen von einem halben Meter Höhe, damit der Tropenregen abfließen konnte und Hochwasser das Innere verschonte. Mächtige Kokospalmen spendeten willkommenen Schatten, denn eine Klimaanlage gab es nicht. Im Schlafraum stand ein riesiges Himmelbett aus Rattan, dessen Moskitonetz sich in der Brise bauschte, die durch die Fenster wehte und gerade dadurch einladend wirkte. Nach dem langen Flug erschien mir nichts erstrebenswerter, als die Einladung sofort anzunehmen. Dummerweise hatte eine Spinne ungeheuren Ausmaßes es sich auf meinem blütenweißen Kopfkissen bequem gemacht.

Ich halte Spinnen für ausgesprochen nützlich und bemühe in den eigenen vier Wänden stets ein Wasserglas und eine Postkarte, um mit ihrer Hilfe die Tierchen ins Freie zu befördern, wenn sie sich im Herbst in die Wärme meines Hauses geflüchtet haben. Die Spinne auf meinem Kopfkissen hätte nicht einmal in einer Fünf-Liter-Teekanne ausreichend Platz gefunden. Da ich aber mein Zimmer nicht dauerhaft mir ihr zu teilen gedachte, beschloss ich, die Rezeption anzurufen und darum zu bitten, das Tier ökologisch einwandfrei aus meinem Refugium zu entfernen.

In meiner Vorstellung sah ich einen heroischen Mitarbeiter die Spinne an einem Bein fassen und zu den Mangroven tragen. Zu meinem Entsetzen verschwand er kurz im Badezimmer, griff sich die Toilettenbürste, holte aus und ließ sie auf das arme Tier niedersausen wie eine Guillotine. Sprachlos starrte ich auf den schwarz-roten Brei, der nach diesem Schlag übrig blieb.

Die Frage: »Möchten Sie ein neues Kopfkissen?«, ließ mich ahnen, dass der einen oder anderen Beschwerde völlig zu Recht stattgegeben worden war.

Ich nahm mir zwar vor, jede weitere Rettungsaktion in die eigene Hand zu nehmen, konnte das Bett aber dennoch nicht mehr so begehrenswert finden wie zuvor. Da ich aber auf die Insel gekommen war, um genau diesen Erfahrungen unserer Gäste ins Gesicht zu sehen, hakte ich das Erlebte als erste Lektion ab. Nach dem langen Flug viel zu müde für weitere Abenteuer, öffnete ich meinen Koffer nur kurz für Zahnbürste und Nachthemd und verbat mir jeden sich aufdrängenden Gedanken an weitere Überraschungen, die der Nachtwind durch die scheibenlosen Fenster ins Haus hereinwehen könnte.

Meine nächsten Besucher kamen allerdings nicht durch Fenster oder Türen, sie kletterten durch die Ritzen der Dielen hinauf ins Haus. Im Halbschlaf hörte ich es kraspeln, war aber zu müde, um aufzustehen und nachzusehen, woher das Geräusch rührte. Das war dumm, denn die Wasserratten, die auch schon Badebekleidung und Taucheranzug auf ihr Gewissen geladen hatten, addierten so in aller Ruhe die Mitbringsel für meine Brieffreundin zu ihrer Beuteliste.

Kumudu hatte im Laufe der Jahre unseres Briefwechsels eine Vorliebe für Lübecker Marzipan entwickelt, und ich hatte manches Kleidungsstück daheim gelassen, um ihr und ihrer kleinen Tochter jede Geschmacksrichtung offerieren zu können. Das brachte mir meine zweite indonesische Lektion ein: Ratten lieben Süßigkeiten. Die kleinen Biester hatten meinen Koffer geentert und sich über das fest verpackte, eingeschweißte und obendrein einzeln eingeschlagene Marzipan hergemacht und nichts als Schnipsel farbigen Silberpapiers übrig gelassen. Von jeglichem Marzipan? Weit gefehlt: Ratten sind offenbar Feinschmecker, denn sie hatten sich den Bauch mit echtem Niederegger vollgeschlagen und das No-Name-Produkt lediglich aus Testgründen angeknabbert.

Vor der nächsten Nacht schob ich meinen Koffer geöffnet in die Mitte des Raumes, den Rest des Marzipans darin einladend zur Schau gestellt. Wenn auch nicht mehr so ansehnlich wie beim Einkauf, war ich doch sicher, Marzipankartoffeln, Marzipanschweine und Marzipanobst in allen Variationen würden ihr Aroma nicht umsonst in die Nasen der Nager steigen lassen. Auf diese Weise abgelenkt, würden sie wenigstens nicht auf mein Bett hüpfen!

Taten sie auch nicht.

Sie griffen mangels anderer Leckerbissen tatsächlich auf das bisher missachtete Supermarkt-Marzipan zurück. Mein Plan sah weiter vor, mich hinter der Tür zu postieren und den Deckel des Hartschalenkoffers im richtigen Moment zuzudonnern. Danach wollte ich meine Fracht nach vorne schleppen und der Crew an der Rezeption den rattenvollen Koffer auf den Tresen knallen.

Dummerweise versüßte ich mir die Wartezeit bis zum Eintreffen der Nagerbande mit ein paar indonesischen Cocktails. An einen, der Sake, Sekt, Limettensaft und viel Crusheis zu herrlicher Frische miteinander verband, erinnere ich mich besonders gerne. Er schmeckte unschuldig, war aber ebenso hinterhältig wie die Wasserratten und wirkte in Verbindung mit meinem Jetlag letal. Ich schlief selig in der Hängematte ein, verpasste den Familienausflug der fleißigen Nager und wurde erst wieder wach, als weit und breit nichts Essbares mehr zu finden war.

Meine Abreise von der Insel trat ich völlig frei von Mitbringseln an.

Die kleine Tochter meiner Freundin maulte, als ich ankam. Kein Marzipan? Das war nicht ihr Problem. Ich konnte wieder welches per Post schicken. Ihre Enttäuschung ging tiefer: »Wieso hast du keine Fotos gemacht? Bilder wären toll gewesen. Das muss doch irre ausgesehen haben, als einer Wasserratte das rosa Hinterteil eines Schweinchens aus dem Maul ragte …«

Die nächsten Inseln der Kepulauan Seribu suchte ich gemeinsam mit meiner Freundin aus. Ich sah mir unbewohnte Inseln an, auf denen man zelten konnte und der Nahkampf mit der Natur in die zweite Runde ging, weil man mit Netzpythons und Nachtbaumnattern zu rechnen hatte. Dafür durfte man sich allerdings auch mit Millionen von Sternen unterhalten und Naturgeräuschen lauschen, die in Jakartas Tagesgeschäft untergehen.

Ich fuhr mit dem Boot weit hinaus aufs Meer und genoss die Stille, wenn der Motor schwieg, dümpelte im wahrsten Sinne willenlos auf dem Wasser und war zufrieden, einfach nur schauen und sein zu dürfen. Nie zuvor hatte ich eine solche Palette sandgelb umrandeter grüner Tupfer in sattem Königsblau vor mir liegen sehen. Wenn ein anderes Boot vorbeifuhr, kam das Wasser in Bewegung, changierte in der Sonne und legte zusätzlich Kobalttöne, Indigo und Ultramarin auf. Selbst kleinste Fische warfen auf dem Meeresboden Schatten, und ich begriff, dass sich treiben zu lassen genau der Zeitvertreib ist, für den sich diese weite Reise lohnt.

Zu Beginn der neuen Woche besuchte ich eine Insel, die nah an Jakarta liegt und besonders bei einheimischen Familien beliebt ist. Man kann Pulau Ayer als Tagesgast besuchen, im Swimmingpool planschen, joggen, Basketball oder Volleyball spielen, Kanu fahren oder entspannt am

Strand seine Bräune vertiefen. Wer über Nacht bleibt, lernt auch die ruhige Seite der Insel kennen, vor allem, wenn man in einem der Häuser im traditionellen indonesischen Stil wohnt, die auf Stelzen aufs Meer hinausgebaut und mit Holzstegen verbunden sind.

Ich ließ die Beine aus der guten Stube direkt ins Wasser baumeln und wartete auf den Sonnenuntergang und die laue Nacht, die Jakartas Lichter in der Ferne blinken ließ. Mit der Morgendämmerung schlug der Monsun zu. In der wohligen Gewissheit, nichts anderes tun zu müssen, als auf das Ende des Regens zu warten, lauschte ich den aufgepeitschten Wellen unter dem Haus und dem Trommeln des Regens auf das Dach und fühlte mich dabei wie in einem Hausboot.

Gegen Mittag lag das Wasser wieder wie Glas über dem Meeresboden. Der Wind und die Meeresströmung hatten jede Menge Fische in Richtung des Ufers getrieben, und so schnorchelte ich um die Insel, bis mir mein Rücken Sonnenbrandgefahr meldete und ich mich vernünftigerweise mit der Managerin des Resorts traf, um mit ihr über die Gepflogenheiten der Anlage zu reden. Ich erfuhr von den Anstrengungen, die Abwasser der großen Stadt nicht die Schönheit Pulau Ayers beeinträchtigen zu lassen. Eine Mammutaufgabe und ebenso aufwendig, wie sämtlichen Müll der Insel per Boot nach Jakarta zu verfrachten und dort entsorgen zu lassen. Ich fragte nach meinen Freunden, den Wasserratten, und nach ähnlich interessanten Kameraden wie Ringelnattern oder Netzpythons. Im Hinblick auf alles Mausähnliche verwies sie auf die erfolgreiche Zusammenarbeit mit ein paar muskulösen Katzen, die aussahen, als hätten sie ihr einleitendes Training auf einer Galeere absolviert und wären sich ihrer Aufgabe voll und ganz bewusst, auf Pulau Ayer nur Tiere leben zu lassen, die auch ein Kleinkind gefahrlos um sich haben konnte. Während wir über diese zufriedenstellende Kooperation redeten, schrie ein Hahn, und ich hatte den Eindruck, dass eine der Kamikaze-Katzen mit dem Hühnervieh der Insel nicht ganz so einverstanden war wie die Besucher, die morgens ein frisches Ei erwarten durften …

Die Managerin hatte mir für unser Gespräch aromatischen Java-Oolong eingeschenkt und damit meiner langen Souvenirliste einen weiteren Bestandteil hinzugefügt. Auf dieser Insel trank ich auch, was ich im Nachhinein zum leckersten grünen Smoothie aller Zeiten ernannte: Jus Alpukat! Dieses dickflüssige Getränk ist eine Mischung aus Dessert, Gemüseshake und nicht alkoholischem Cocktail aus ungewöhnlichen Zutaten. Auch wenn die Avocado aus botanischer Sicht zu den Beeren zählt, so wäre ich dennoch nie auf die Idee gekommen, sie anders als salzig oder herb zu verarbeiten. Zusammen mit gesüßter Kondensmilch, Eis, etwas Sahne und Schokosirup erweiterte die Butterbirne meinen Horizont aber um eine süße Variante, die mich lehrte, in der Küche endlich experimentierfreudiger zu werden.

Obwohl ich auf Pulau Ayer von der indonesischen Küche noch viel hätte lernen können, verabschiedete ich mich zugunsten einer Insel, für die mir eine Symbiose aus Natur, Ruhe und indonesischer Gastfreundschaft versprochen worden war. Ich traf mich deshalb in der Ancol Marina mit einem Touristikkollegen, der mit mir zwei Stunden entlang der Küstenlinie Jakartas fuhr, um mir die Resortinsel zu zeigen, für die er arbeitete. Wir sprachen während der Anfahrt über Gott und die Welt, die weltgrößte internationale

Tourismusbörse in Berlin, auf der wir uns wiedertreffen würden, Indonesien als Reiseland im Allgemeinen und für Europäer im Besonderen. Ich fragte nach den Möglichkeiten, im Resort vegetarisch zu essen, nach dem Transfer zum Flughafen von Jakarta und ließ mir bestätigen, dass Wasserratten kein Problem sein würden. Auch Netzpythons und Flughunde und jede Menge Vogelarten waren Teil unseres Informationsgesprächs. Die einzige Frage, die ich nicht stellte, weil die kleine Fähre in Sicht kam, wir übersetzten und ich meine Unterkunft bezog, war: »Gibt es noch etwas, was ich über die Insel wissen muss? Irgendwelche Besonderheiten? Gefahren, von denen ich nichts ahne?«

Stattdessen verabredeten wir uns für ein gemeinsames Abendessen im Restaurant, um alles Weitere zu besprechen. Nach einer erfrischenden Dusche beschloss ich, die Privatinsel zu erkunden, die ersten Fotos für meine Reiseberichte zu schießen und endlich einmal wieder barfuß durch den Sand zu laufen. Meine Schuhe ließ ich im Haus zurück und machte mich auf den Weg zum Bootssteg auf der anderen Seite der Insel, der zwischen Mangroven hindurch bis weit aufs Meer hinausführte und von dem aus man eine prächtige Aussicht auf die vorgelagerten Inseln haben sollte.

Im Resort herrschte Mittagsruhe. Außer mir schienen alle Besucher Siesta zu halten. Selbst die Vögel hatten sich in die Kronen der Bäume zurückgezogen und schwiegen. Das Meer lag vor mir wie ein blaues Tischtuch, das frisch gebügelt worden war. Ich stand auf dem Bootssteg und staunte die Welt an … bis irgendjemand hinter mir durch lautes Schnaufen meinen Frieden störte. Ich wandte mich abrupt um, den Mund schon offen, um Ruhe einzufordern. Ich brachte nur ein Gurgeln heraus. Vor mir stand – offenbar nicht weniger erschrocken als ich – ein Dinosaurier. Oder doch etwas, das den Namen mehr als verdiente: Urzeitlich, massig, dickbeinig und mit panzerdicker Haut starrte mich das Etwas aus Kugelaugen an und ließ kurz seine gespaltene Zunge wie eine Peitsche aus dem Maul schnellen. Ich war starr vor Schreck und erwog kopflos, mich durch einen Sprung ins Meer zu retten. Das Urzeitvieh hatte dieselbe Idee, ergriff die Initiative und warf sich direkt in die Mangroven. Nur weg von dieser weißen, blassen Gestalt mit dem komischen schwarzen Kasten. Es klatschte unglaublich, als sich das Riesentier jenseits des Bootsstegs an mir vorbeiwälzte und einen saftigen Schwall Wasser zu mir heraufschickte. Das weckte mich aus meiner Starre. Ich nahm meine Füße in die Hand und lief bis zu meinem Haus zurück – in Weltbestzeit für Barfußläufer.

»Au«, sagte Eko später. »Habe ich das nicht gesagt? Die Attraktion der Insel sind unsere Warane. Die tun eigentlich nichts. Die sind eher scheu und laufen vor den Besuchern weg.«

Gott. Sei. Dank.

Die Warane wurden im Laufe der nächsten Tage zwar nicht meine besten Freunde, aber ich verstand bei unserer nächsten Begegnung völlig, warum Besucher extra nach Indonesien kommen, um diese Lebendversion eines Jurassic-Park-Tieres mit eigenen Augen zu sehen. Mit ihren massigen Körpern und Bewegungen, die man so behäbigen Tieren nicht zutraut, erinnern sie an eine längst vergangene Episode in der Geschichte unseres Planeten und sind gleichzeitig Mahnung, alles für ihren Erhalt zu tun.

Der Bericht für meinen Reiseveranstalter war der abwechslungsreichste meiner gesamten Touristiklaufbahn. Meine Beschreibungen von Bali, Java und vor allem der

Kepulauan Seribu konnte erstmals besten Warm-Wasser-Tourismus mit wirklich hautnaher Naturerfahrung verbinden. Schwimmen, schnorcheln, tauchen, am Strand faulenzen, das geht an vielen Stellen des Tropengürtels. In Verbindung mit den gast- und feierfreudigen Indonesiern, ihrer Gelassenheit gegenüber europäischen Aufregern und dem unbeschreiblich leckeren Essen entsteht schnell eine Urlaubslaune und ein Dauerlächeln auf dem Gesicht der Besucher. Von den Kepulauan Seribu kann man obendrein ein ganz besonderes Souvenir mit nach Hause nehmen: herzhaft über sich selbst und die eigenen Zivilisationsschwellen zu lachen und gleichzeitig zu lernen, mit ihnen umzugehen.

Nur eines kann man in und um Jakarta nicht: sieben Jahre in Einsamkeit zubringen, wie *Der Vetter aus Dingsda*. Einsamkeit lässt die Gastfreundschaft der Indonesier nicht zu. Und erst recht nicht die Tierwelt der Kepulauan Seribu …

Die Kepulauan Seribu füllen Ihren Erinnerungskoffer mit ...

… unerwarteten Begegnungen der tierischen Art,
… dem Glitzern der Sonne auf dem Meer am Tag und der Sterne bei Nacht,
… der Erfahrung das nichts, oder doch so gut wie nichts – außer vielleicht eine landesunkundige Europäerin – die Indonesier aus der Ruhe bringen kann.

Geschmackvolle Souvenirs:

✓ Batikstoff, am besten in einem ganz normalen Laden oder auf dem Markt gekauft. Die Muster sind hinreißend und weitaus vielfältiger, als unsere heimischen Versuche in den 1960er- und 1970er-Jahren vermuten ließen.

- ✓ Die indonesische Küche ist so lecker, darauf will man zu Hause nicht wieder verzichten. Ich bin meiner indonesischen Freundin sehr dankbar, dass wir in meiner Küche den Kochkurs fortgeführt haben, den wir an ihrem Herd begonnen hatten.
- ✓ Rezepte des Jus Alpucat sollten in keinem Rückreisegepäck fehlen. Die Kondensmilch kann mit flüssiger süßer Sahne ersetzt werden, und statt des Schokosirup ist ein Espresso (kalt oder warm) ein leckere Variante.
- ✓ Cocktails aus und mit Sake ausprobieren! Sie schmecken tatsächlich mit so gut wie allen Fruchtsaftvarianten und Eis himmlisch erfrischend.
- ✓ Gewürze, Gewürze, Gewürze. Wie habe ich nur ohne Ketjap Manis gekocht? Tofu darin geschwenkt, kurz durch Mehl gezogen und ab zum frischen Gemüse in den Wok: Sensationell einfach, sensationell schmackhaft!

Vor dem Ein- oder nach dem Ausschiffen zu lesen:

Indonesien war Gastland der Buchmesse 2015 – seither ist es leichter, an Lektüre aus Indonesien zu kommen. Eine Wunderwelt der Literatur ist da zu entdecken. Wer wie ich das Wort »Batavia« mit mehr Inhalt füllen will als mit Operettenmusik, der greife zu den Büchern von Pramoedya Ananta Toer. In *Kind aller Völker* wird die niederländische Kolonialherrschaft aus der Sicht des Javaners Minke lebendig, der sich in dem Maße gegen die Landnahme der Holländer wehrt, in dem er den Glauben an die Europäer und ihr Verhalten in seinem Land verliert. Dieses Buch ist der zweite Teil einer Tetralogie, die der Autor im Gefangenenlager der Insel Buru wegen strikten Schreibverbots zunächst seinen Mitgefangenen mündlich vortrug, später mit ihrer Hilfe niederschrieb und im Hausarrest in Jakarta beendete.

Laksmi Pamuntjak hat nicht nur einen Buchladen in Jakarta mitbegründet und *den* Restaurantführer Jakartas geschrieben, sondern für ihren Roman *Alle Farben Rot* auch den LiBeraturpreis gewonnen. Mit diesem Buch führt sie die Bewältigung dunkler Kapitel indonesischer Geschichte, die ihr Kollege Toer begonnen hat, in die Zeit General Suhartos weiter. Ihre Protagonistin Amba kommt dabei auf ihrer Suche nach ihrem verschwundenen Geliebten auch auf die Gefängnisinsel Buru, auf der viele Schicksale erlitten und große indonesische Romane erdacht wurden.

Die Bücher dieser beiden Schriftsteller lassen die Leser begreifen, wie hart erkämpft und wie langwierig der politische Weg Indonesiens war, und sind somit eine wunderbare Vor- oder Nachbereitung für eine Reise, aber nicht immer entspannende Urlaubslektüre.

Deshalb sollte man die Ruhe der Kepulauan Seribu auch dazu nutzen, endlich einmal zu lesen, was man schon lange plante, aber wozu sich nie Zeit fand. In der Hängematte vorm Haus, auf dem Liegestuhl am Strand, auf dem Bootssteg über sanften Wellen bietet sich jeder Lesestoff an, der ausruhen und ankommen lässt. Wenn man die letzte Seite umgeblättert hat, kann die Lektüre, aus purer Dankbarkeit, diese Inselwelt erlebt zu haben, für die nächsten Leseratten und Bücherwürmer in der Bibliothek des Resorts zurückgelassen werden, damit diese ebenfalls eine laue Tropennacht durchschmökern können.

IN AUSTRALIEN

Phillip Island

Natur im Frack

Phillip Island

BASS STRAIT, VICTORIA, AUSTRALIEN

Frage: Was haben der Große Preis von Australien im Motorradsport und Zwergpinguine gemeinsam? Antwort: Jeder hat eine eigene Rennstrecke auf Phillip Island.

Aber während die knatternden Zweiräder für die begehrte internationale Trophäe ihre Runden nur einmal im Jahr drehen, nutzen die befrackten Watschelvögel ihren Weg vom Strand zum Schlafsand pünktlich jeden Abend nach Sonnenuntergang, haben sich mit dieser Gewohnheit einen Naturschutzpark erobert und sind zur Touristenattraktion par excellence geworden.

Ich war auf Gegenbesuch in Melbourne, und mein Gastgeber Neil setzte mich immer dann in den Ausflugsbus seines Freundes Malcolm, wenn er Schichtdienst beim Flughafenzoll hatte und dieser ihn davon abhielt, selbst etwas mit mir zu unternehmen. Auf diese bequeme Art und Weise hatte ich bereits das Freilichtmuseum von Ballarat erlebt, die Great Ocean Road befahren und im Dandenong-Ranges-Nationalpark eine Fahrt mit dem »Puffing Billy«-Dampfzug genossen. Vor dem Besuch auf Phillip Island verriet Neil mir nichts, außer: »Es wird dir gefallen, und du wirst nicht vor Mitternacht zu Hause sein wollen.«

Da es sich um eine Insel handelte, gab ich ihm recht, bevor ich auch nur den ersten Schritt auf das Eiland gesetzt hatte. Am Ende des Tages allerdings wusste ich: Ob ich in einem Weingut der Insel das Angebot verkosten, im Koala Conservation Center lebende Teddybären kraulen, den Zweirädern auf dem Circuit beim Rasen zuschauen oder an einem der Strände zur Sonnenanbeterin würde – kurz vor Sonnenuntergang würde ich mich immer wieder voll Erwartung zu einem ganz besonderen Rendezvous aufmachen, zu einem einzigartigen Stelldichein mit Natürlichkeit im Frack. Ich würde jedes Mal aufs Neue die Insulaner besuchen wollen, die erst bei Einbruch der Dunkelheit auf Phillip Island eintreffen, dies aber mit täglicher Präzision und in großer Zahl: die Zwergpinguine, die kleinsten und putzigsten aus der Familie der flugunfähigen Seevögel.

Als ich mich in Phillip Islands Pinguine verliebte, hatten meine kleinen befrackten Freunde knappe 100 Bewunderer pro Abend, und die saßen auf rauen Holzbänken oder im Sand. Heute zieht die Insel jährlich drei Millionen Besucher an, und da viele von ihnen auch die Pinguine sehen wollen, ist die Verwaltung des Naturparks dazu übergegangen, die Menschen auf festgelegte Wege zu schicken, die dankenswerterweise so konzipiert sind, dass sich nicht nur die Besucher wohlfühlen, sondern auch die Tiere.

Aber selbst wenn heute täglich Dutzende Reisebusse über die Brücke bei San Remo nach Phillip Island hinüberfahren und am Besucherzentrum Aberhunderte von Neugierigen ausspucken, die sich anschließend in langer Schlange über hochgelegte Bretterwege zu einer eindrucksvollen Tribüne wälzen – die Magie der Natur lässt alle kurz nach Sonnenuntergang stumm werden und staunen.

Mein Bus war damals der einzige, der nicht nur direkt zum großen Ereignis am Summerland Beach fuhr, sondern uns durch eine Rundfahrt mit zahlreichen Stopps eine Vorstellung von der Vielfalt der gesamten Insel vermitteln wollte. Malcolm machte die Fahrt seit Jahren einmal pro Woche und wusste ganz genau, wann man am besten wo zu sein hatte und welche Restaurants und Aussichtsplätze den Kunden gefielen. Unterwegs erklärte er launig, was es über Phillip Island zu wissen gab: »Die Insel ist 21 Kilometer lang und knapp neun Kilometer breit. Ich werde mein Bestes geben, Ihnen allen das Schönste innerhalb dieser Abmessungen zu zeigen und dafür zu sorgen, dass Sie wiederkommen wollen – selbstverständlich mit mir.«

Malcolm zählte eine beeindruckende Anzahl Strände auf, deren Namen für mich zu exotisch klangen, als dass ich sie mir hätte merken können. Er versprach uns 20 000 Seebären, Australiens größte Kolonie ihrer Art, die sowohl auf den Felsen vor der Küstenspitze von The Nobbies als auch in ihrer zweibeinigen Variante in einigen der Pubs der Insel beobachtet werden könnten. Malcolm war ein typischer Reiseleiter-Busfahrer, den man alles fragen konnte und der auf alles eine Antwort wusste – allerdings ohne Wahrheitsgarantie.

Selbstverständlich kannte so gut wie jeder Mitarbeiter der touristischen Attraktionen von Phillip Island Neils Freund, weshalb der sich einen Spaß daraus machte, mich überall als seine Freundin vorzustellen und mir so – außer die Röte ins Gesicht zu treiben – auch noch alle Herzen zufliegen ließ. Dummerweise behauptete er obendrein, dass ich nur äußerst mangelhaft Englisch spräche, weshalb ich, sobald er sich um andere Gäste kümmerte, ungenierte Spekulationen mithören durfte. »Die ist neu, oder? Was ist denn aus der kleinen Thailänderin geworden?«

»Keine Ahnung. Ich weiß nur von einer Amerikanerin, aber die ist zurück nach L. A. Der war in Australien nicht genug los.«

»Dann wird er mit einer Deutschen mehr Glück haben. Die bleiben schon alleine wegen der Sonne …«

Ich stand weiter da, lächelte dümmlich und versuchte, nicht aus Versehen zu lachen oder zu kommentieren, immer in der Hoffnung, dass niemand uns auf die Schliche käme. Ich stieg nur wieder in den Bus, weil ich Malcolm nach dem Doppelverlust durch eine Thailänderin und eine US-Amerikanerin nicht schon wieder dem Trennungsschmerz aussetzen wollte …

Und das war gut so. Denn so bekam ich den ungefähr vier Kilometer langen Surfer-Strand von Cape Woolamai zu sehen, Phillip Islands spektakuläre Küstenlinien und jede Menge Robben und Koalas.

Als wir am frühen Abend endlich den Parkplatz zur großen Pinguin-Parade am Summerland Beach erreichten, war meine ursprüngliche Unwissenheit über die Hauptattraktion der Insel gespannter Vorfreude gewichen. Da ich keinerlei Vorstellung hatte, wie die Parade tatsächlich ablaufen oder wie gut die Tierchen zu sehen sein würden – immerhin sollten sie ja erst nach Einbruch der Dunkelheit an Land zurückkehren –, wünschte ich mir inständig, wenigstens den einen oder anderen Pinguin deutlich erkennen zu können, und hoffte auf nicht mehr als zehn Meter Abstand zwischen mir und dem Tier. Bei dieser Entfernung wäre dann auch mit meiner alten Kamera und ohne Blitz ein entsprechendes Foto möglich – eines, auf dem mehr als eine Mücke zu sehen sein würde.

Natürlich führte der Weg zum großen Tierspektakel durch einen gut bestückten Souvenirladen, in dem so lebenswichtige Utensilien wie laminierte Tischsets oder Plüschpinguine in Lebensgröße erstanden werden konnten. Ich gönnte mir einen mit tanzenden Pinguinen bemalten Teebecher, um sie der einzigen Sammlung einzuverleiben, der ich außer Inseln noch fröne: meiner Tassen-Parade.

Bei meinem zweiten Besuch, 15 Jahre später, war dieser Becher bereits exzessiver Nutzung zum Opfer gefallen, und ich suchte einen neuen, erstand aber stattdessen ein voluminöses Stofftier, das durch seine herausragende Rolle aus meinem Rückreise-Handgepäck Bulky getauft wurde.

Auch wenn der Stoffpinguin zurück in Europa bei meinen Patenkindern großen Anklang fand, klafft in meiner Teebechersammlung weiter eine bittere australische Lücke, die mir das Zurückträumen nach Phillip Island und zu meiner ersten Pinguin-Parade leichter macht.

Damals unterbrach Malcolm meinen Kaufrausch und den seiner Gäste, um seine gesammelte Busladung so früh wie möglich auf den Weg durch die Dünen und zur provisorischen Tribüne zu schleusen und sicher in der ersten Reihe zu platzieren. Die Sitzgelegenheiten dieses ungewöhnlichen Open-Air-Theaters sind direkt auf die See gerichtet, die zu diesem Zeitpunkt immer dunkler und dunkler wurde. Zu sehen war nichts als weites Meer und die Schaumkronen der Wellen, die an den Strand schlugen.

Ich saß neben Sylvia, einer Urlauberin aus Sydney, die den Süden des Landes bereisen wollte und dabei Melbourne als Stützpunkt gewählt hatte. Ich sagte ihr, wie unwirklich ich es fände, mit so vielen anderen Menschen am Strand zu sitzen, um auf Tiere zu warten, die sich, einem untrüglichen Instinkt folgend, auch heute Nacht wieder in den Dünen von Phillip Island einkuscheln wollten, um sich dort von der anstrengenden Nahrungssuche auf hoher See auszuruhen.

Sylvia war um einiges skeptischer als ich: »Die Pinguine sollen laut Aushang heute etwa um Viertel vor neun eintreffen. Was meinst du, wo haben die Kleinen ihre wasserfeste Rolex befestigt: direkt unter dem Frack oder gleich neben dem Zählband der Naturschutzorganisation am linken Beinchen?«

Gut gelaunt tauschten wir Reise- und Lesetipps aus und starrten dabei gefühlte Ewigkeiten auf das Meer. Kein einziges Tier – geschweige denn die erwarteten Pinguine – zeigte sich. Stattdessen erschien eine Rangerin und erzählte uns, was die bevorstehende Vorstellung bringen würde und dass wir uns gerne unterhalten dürften. Die Pinguine würden sich durch allgemeines Volksgemurmel nicht stören lassen. Zudem würden rechtzeitig Scheinwerfer angestellt, die, perfekt auf den betreffenden Uferabschnitt ausgerichtet, uns an dem Schauspiel in all seiner Pracht teilhaben lassen würden.

Sie wies uns auf einen 30 Meter breiten Strandstreifen hin, auf dem die Pinguine zu erwarten seien, und machte uns darauf aufmerksam, dass einige direkt unter unseren Sitzen hindurchkrabbeln würden, um zu ihren Schlafplätzen zu gelangen. Mir schien es selbstverständlich, dass ich die Winzlinge dabei nicht berühren oder behindern sollte, zog aber dennoch unwillkürlich meine Füße weg.

Ich lernte an diesem Abend, dass Pinguine tatsächlich Vögel sind und mit ihren 35 Zentimetern ungefähr so groß werden wie ein Schullineal, aber nur etwa ein Kilogramm schwer. In Australien nennt man die *Eudyptula minor* (einer der wenigen lateinischen Namen, die ich mir seitdem merken kann) auch *Fairy Penguins,* also Feen- oder Elfenpinguine. Kosenamen, die ich sofort für mich übernahm, weil ich ganz und gar verzaubert war, als ich die kleinen Wesen in Scharen an mir vorbeiziehen sah.

Mit einer feinen Diät aus Fischen und kleinen Krebsen können die Zwergpinguine bis zu sieben Jahre alt werden. Kein Wunder, denn sie halten sich zusätzlich fit, indem sie mindestens zweihundertmal am Tag nach Nahrung tauchen, es aber auch auf vier- bis fünfmal so viele Tauchgänge bringen können. Dabei erreichen sie normalerweise 30 Meter Tiefe, schaffen es aber auch, sich ihre Leckerbissen 50, 60 und 70 Meter unter dem Meeresspiegel zu schnappen. Bei einer Schwimmgeschwindigkeit von sieben Kilometern pro Stunde könnte so ein Matz bei jeder Olympiade glatt auf das Siegertreppchen kommen.

Mir wurde klar, wie unzulänglich wir Menschen von Geburt an ausgestattet sind, als die Wildhüterin erklärte, dass die Feenpinguine im Alter von ungefähr acht bis zehn Wochen flügge werden, sich dann erstmals in die Fluten stürzen und sofort losschwimmen. Die stolzen Eltern brauchen nichts anderes zu tun, als ihren Sprösslingen zufrieden beim ersten Tauchgang zuzusehen – denn ihr Wasserkönnen ist angeboren.

»Warum tun die kleinen Kerle sich das an und schlafen und brüten ausgerechnet an Summerland Beach, wo sie jeden Abend schaulaufen müssen, statt sofort in ihre Schlafnester kriechen zu können«, wollte jemand wissen, als die Rangerin uns aufforderte, ihr Fragen zu stellen.

Zwergpinguine seien sehr heimatverbunden, hieß es. Wenn sie zum ersten Mal brüteten, suchten sie sich bevorzugt einen Brutplatz, der nur wenige Meter von dem Ort entfernt liege, an dem sie selbst aufgezogen und gefüttert wurden. Danach kehre das Weibchen üblicherweise immer an diesen Ort zurück und das in der Regel immer wieder mit demselben Partner.

»Die Scheidungsrate liegt bei ungefähr 18 Prozent«, teilte uns die Wildhüterin mit. »Aber es gibt auch Jahre, da schnellt diese Zahl um mehr als die Hälfte nach oben.«

»Haben wir Australier uns das bei den Pinguinen oder die Pinguine sich das bei uns abgeguckt?«, sinnierte Sylvia, in deren Heimatland eine von drei Ehen wieder geschieden wird. Ich hatte keine Ahnung, wie hoch die Rate für Trennungen in Deutschland lag, ich hatte bisher nicht mal an Heirat, geschweige denn an deren möglicherweise bitteres Ende gedacht, wies aber Malcolm sofort darauf hin, dass meine unverbrüchliche Treue zu ihm mit dem Tage abreißen würde, an dem ich an allen seinen Busfahrten teilgenommen habe …

Gerade als ich fragen wollte, wie viele Tiere sich denn im Durchschnitt pro Nacht in ihre Sandkuhlen kuscheln, sagte die Wildhüterin: »Im Dezember kommen die meisten Zwergpinguine, etwa 1000 pro Abend, jetzt, einen Monat später dürfen wir zwischen 500 bis 800 erwarten.«

Ich sperrte Mund und Nase auf. »Wie viele?«

»Dann wollen wir mal hoffen, dass die Pinguine sich an die Anweisungen unserer Wildhüterin halten und nicht in letzter Minute kneifen«, sagte Sylvia, fand aber auch, dass sämtliche Ranger sich ihrer Sache erstaunlich sicher zu sein schienen.

Mit neuer Motivation stierten wir wieder auf das Meer. Welle um Welle rollte an den Strand. Dann blieb plötzlich ein wenig schwarz-weiße Schaumkrone im Sand liegen, schüttelte sich und watschelte zielgerichtet auf uns zu. Ein Raunen ging durch die Menge, als etwa ein Dutzend Zwergpinguine in ihrem leicht unbeholfen wirkenden Gang an uns und unter uns vorbeizogen.

Ihre kleinen weißen Bäuche schoben sich unter ihrem Frack rhythmisch hin und her, was den Eindruck vermittelte, als hätte das Meerwasser auf sie die gleiche Wirkung wie Eukalyptus auf Koalas und sie wären nicht nur müde, sondern auch stoned.

Die Farbe der Flügel und des Rückengefieders changierte im Flutlicht zwischen Silbergrau und Stahlblau bis hin zu Schwarz. Hundert Augenpaare folgten den putzigen Wesen auf ihrem Weg die Dünen hinauf, wo jedes offenbar eine Strandvilla besaß, die es jetzt für die Nacht und die eigene Bequemlichkeit zu bearbeiten galt. Während ich einem Pinguin zusah, der keine Handbreit von mir entfernt im Sand zu baden schien, spülte unten am Strand eine Welle eine *Fairy Penguin*-Invasion an. Die Tiere purzelten so filmreif übereinander, als hätten sie diesen Stunt extra für uns geprobt. Ich zählte mehr als 60 Tiere, dann gab ich auf und sah glücklich zu, wie die nächste Welle noch einmal so viele Pinguine anspülte, wie Zuschauer auf den Rängen saßen.

Heutzutage ist Fotografieren bei der Pinguin-Parade nicht mehr erlaubt. Ich hatte den allerersten Star der Show abgelichtet, als er an mir vorbeikam, aber dann meine Kamera weggepackt. Ich wollte dieses Schauspiel nicht nur durch die Linse erleben und mich später bei der Betrachtung der Bilder wundern, was ich noch alles hätte sehen können. Wie den Winzling, der sich hochreckte, um mit Kulleraugen und zuckendem Schnabel nachzuforschen, was das für ein schwarzes Band war, was da von der Bank zu ihm herunterbaumelte. Da der Tragegurt meiner Kameratasche aber offenbar nicht genug nach Hering roch, wackelte er in aller Ruhe weiter durch die Dünen und verschwand im Dunkeln. Selbstverständlich nicht, ohne dieses etwas gurrend-heisere Krächzen ausgestoßen zu haben, das mich am ehesten an einen sehr, sehr kleinen Esel erinnerte und für das ich sonst keine andere Entsprechung fand. Pinguintöne sind eben Pinguintöne – und damals sprach ich noch kein Eudyptula.

Aufseiten der Zuschauer war es still, nur ab und zu hörten wir das glückliche Lachen eines Mädchens, das später bitterlich weinte, weil es sich, müde, wie es nach der Vorstellung war, nicht einfach neben einen Pinguin in den Sand kuscheln und dort einschlafen durfte. Ich konnte sie gut verstehen, mir war selbst schon der Gedanke gekommen, mich als Nachtwächterin anzubieten und den Schlaf der Zauberpinguine zu bewachen.

Eine Bekannte, der ich daheim von Phillip Island erzählte, als sie ihren Urlaub in Down Under plante, winkte bei der Erwähnung der Pinguin-Parade ab. »Das ist nicht Natur, das ist Disneyland. Solch ein Touristentrubel ist nichts für mich. Ich mag es lieber authentisch. Ich glaube, dass man die Pinguine irgendwann durch die Massen an Zuschauern von der Insel vertreibt.«

Das ist ein bedenkenswerter Einwurf, dem alle Mitarbeiter des Phillip Island Nature Parks mit ihrem Engagement, ihrer Forschung und Hingabe entgegenwirken, damit die nächtlichen Begegnungen mit ihren Bewunderern für die Pinguine nicht zu anstrengend werden. Gerade weil sich die Ranger für dieses »Naturmanagement« einsetzen, glaube ich an die Zukunft der Zwergpinguine von Summerland Beach. Was wir Zuschauer hier an Respekt und Wissen mit nach Hause nehmen, kommt Abertausenden ihrer Artgenossen anderswo zugute. Ich kann es mir nicht anders vorstellen: Alle, die Phillip Islands Elfenpinguine aus dem Wasser stolpern sahen, werden sie auch in »freier Wildbahn« wertschätzen und ungestört leben lassen.

Ich liebe die verständnisvolle Naturlenkung von Mensch und Tier. So gut gemacht wie an Summerland Beach, sind sie eine Symbiose aus Naturerlebnis und Unterhaltung. Sie lenken nicht nur von fragileren Orten ab, an denen der Mensch nicht eingreifen sollte, sie sind auch wertvolle Lernzentren. Die Stars in der Manege sind hier die Tiere. Sie geben den Ton an. Und wir Menschen lernen zuzuhören.

Ich kenne (dank Malcolm) eine Stelle, wo man mit den Zwergpinguinen ganz allein sein kann, ohne dafür bezahlen zu müssen, wie ich genauso (wieder dank Malcolm) eine Stelle kenne, wie ich völlig umsonst auf die Motorrad-Rennstrecke kommen könnte. Aber auch wenn's manchmal schwerfällt: Ich übe mich im Verzicht. Gutes hat seinen Preis, damit es auch in Zukunft so gut bleiben kann, wie es ist. Als ich Malcolms diesbezügliche Angebote ablehnte, schlug er mir auf die Schulter: Ich hatte seinen und Neils ultimativen Freundschaftstest bestanden. Und verstanden: Inseln, Tiere, Runden auf dem Motorrad und *fun on the beach* – ein besseres Zusammenspiel zwischen verschiedenen Lebewesen und bessere Argumente für Urlaub gibt es nicht. Deshalb ist Australiens Phillip Island für mich erste Wahl, nicht nur für die Natur im Frack.

Phillip Island füllt Ihren Erinnerungskoffer mit …

… dem Zauber der Elfenpinguine,
… dem Schnuppern echter Sommerfrische, die alles beinhaltet, was man sich als Urlauber wünscht – von Naturschauspielen über romantische Strandspaziergänge bis hin zum Getöse des Großen Preises von Australien,
… dem ganz speziellen Humor der Aussies und Freundschaften, die Tausende von Kilometern und lange Jahrzehnte überdauern.

Geschmackvolle Souvenirs:

✓ Überall auf Phillip Island kann man sich mit dem verwöhnen lassen, was auch Pinguine zu schätzen wissen: Krebse und Fische aller Art.
✓ Wein von inseleigenen Reben und leckerer Gerstensaft aus den Phillip Island-Brauereien
✓ Stofftierpinguine und Teebecher

Vor dem Ein- oder nach dem Ausschiffen zu lesen:

Australiens Literatur ist vielfältig und in jeder Hinsicht lesenswert. Sylvias Lesetipps mache ich zu meinen, wenn ich ein uneingeschränktes Lesevergnügen durch Miles Franklin empfehle. Ihre Romane erzählen vom Leben in Australien in der ersten Hälfte des 20. Jahrhunderts aus dem Blickwinkel einer engagierten, emanzipierten Frau. Ihr fesselnder Debütroman *Meine brillante Karriere* wurde kongenial mit Judy Davis und Sam Neill verfilmt. Ich lese das Buch, dann will ich den Film sehen. Nachdem ich in den Bildern geschwelgt habe, greife ich erneut zum Buch …

Nevil Shute hat mit *Eine Stadt wie Alice* eines meiner Lieblingsbücher geschrieben. Es steht auf Platz 15 meiner »Immer wieder«-Favoritenliste. Aber es ist Shutes dystopischer Roman *Das letzte Ufer*, der eine spezielle Verbindung zu Phillip Island hat. Der gleichnamige Film mit Ava Gardner, Gregory Peck, Fred Astaire und einem hinreißenden Anthony Perkins wurde 1959 zum Teil auf Phillip Island gedreht – inklusive schneller Runden auf dem Grand Prix Circuit. Wer wie ich die Sportwagen aus den 1950er-Jahren geschmeidiger findet als unsere heutigen Boliden, die kommt in diesem Film auf ihre Kosten. So herausragend die Wahl der Schauplätze des Films auch sein mögen, der Grundtenor des Buches ist bitter: Ein sinnloser Nuklearkrieg hat das Leben auf der nördlichen Erdhalbkugel zerstört. Die Australier sind zwar von einer Atombombe verschont geblieben, wissen aber, dass durch den radioaktiven Fallout auch das Leben auf ihrem Kontinent innerhalb weniger Monate ausgelöscht sein wird. Shute erzählt seine Dystopie packend und grimmig und wahr. Ich musste den Roman ab und zu aus der Hand legen, um nachzugucken, ob die Sonne noch scheint und es noch ein Phillip Island gibt, auf dem sich nicht nur Fuchs und Hase, sondern auch Mensch und Pinguin »Gute Nacht« sagen dürfen.

Danksagungen

sind das Salz in der Suppe einer Recherche, der Schokoladenstaub auf dem Milchschaum eines Cappuccinos, die Perlen im Sekt. Ich danke …

… allen, die aus der Beantwortung einer einfachen Frage eine Begegnung machten. Alle hätten es verdient, hier genannt zu werden. Sie haben mich gelehrt, dass die größte Attraktion einer Insel, eines Landes die Menschen sind, die ihm Stimme und Kontur verleihen und damit einen besonderen Augenblick schenken,

… meinen Brieffreundinnen und Brieffreunden, die über lange Jahre Seite um Seite füllten und Oden, Postkarten, Notizen und Päckchen an mich als Freizeitvergnügen ansahen, um meiner Inselsammlung so ihren Namen zu geben,

… allen, die mich durch Servas International bei sich aufnahmen und den Wahlspruch »Es gibt keine Fremden, nur Freunde, die ich noch nie traf« mit Lachen, Sicherheit und lebenslangen guten Erinnerungen füllten,

… meinen Begleitern und Begleiterinnen auf den vielen Reisen, die mit stoischer Ruhe oder ansteckender Begeisterung meinen Wünschen nach »mehr Insel« Raum gaben. Ihnen allen gebührt ein »Gerne wieder«.

Für ausgestreckte Hände und Hilfe danke ich besonders der Orwell Society, allen voran Quentin, Liz und Richard, der Gemeinschaft auf Jura, nicht nur, aber auch in Gestalt von Alex, Nicol und Sandy – den drei Männern in einem Boot (ganz zu schweigen vom Kater Elvis) –, Access Travel in Paramaribo, den Betreibern der *Danpaati River Lodge*,

Prince, Elionore, Xiomara und Errol für ihre Geduld und Erklärungen, *Antara Hotels* für die Hilfe auf und für Sir Bani Yas und BT-Touristik, Byron und Martina, die Solentiname erfahrbar und erfühlbar machten.

Zu meinen Inselträumen gesellte sich vor vielen Jahren der Wunsch, sie aufzuschreiben, und meine Begeisterung an Gleichgesinnte weiterzureichen. Die Fähre für die Reise zwischen zwei Buchdeckeln stellte Bettina Stimeder, mutige Programmchefin des Ecowin Verlages zur Verfügung, die der gute Wind meiner treu sorgenden Agentin Margit Schönberger in meine Richtung wehte. Eine Autorin kann kaum mehr Glück haben, als von diesen beiden Damen unterstützt zu werden. Durch sie durfte ich monatelang auf einer Insel des Glücks arbeiten.

Rückenwind kam während meiner gesamten Schreibzeit auch von meinen Testleserinnen Nelly Elliot und Anne von Vaszary, deren sanfte Hinweise und Bitten um zusätzliche Erklärungen meine Inselerfahrungen auch für andere lesbar machten, und von meiner Herzens-Lektorin Christiane Geldmacher, die den Finger auf Lesewunden legte, damit sich niemand beim Lesen wundern muss. Beim gesamten Team von Benevento Publishing, besonders bei Anna-Magdalena Samardzic und Susanne Neumayer, fand ich Unterstützung für alles, was mir auf der Reiseseele brennt. Die Sorgfalt, die Text und Gestaltung entgegengebracht wurde, zauberte mir mehr als ein Lächeln aufs Gesicht. Für Unterstützerinnen wie diese ist kein Weg zu weit, kein Dank zu weitreichend.

Wer in dieser Liste nicht namentlich erwähnt ist, steht meinem Herzen so nah, dass ich ihn oder sie nicht einmal durch Aufschreiben teilen möchte. Ihr seid die Welt für mich – denn kein Mensch ist eine Insel. DANKE.